文学理论研究专著

屈原精神研究通论

吴茂明 / 著

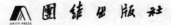

图书在版编目(CIP)数据

屈原精神研究通论 / 吴茂明著. —北京：团结出版社，2020.11

ISBN 978-7-5126-8266-5

Ⅰ. ①屈… Ⅱ. ①吴… Ⅲ. ①屈原(约前 340–约前 278)–人物研究 Ⅳ. ①K825.6

中国版本图书馆 CIP 数据核字(2020)第 178097 号

出　　版：团结出版社

（北京市东城区东皇城根南街 84 号　邮编：100006）

电　　话：(010) 65228880　65244790

网　　址：www.tjpress.com

E – mail：65244790@163.com

经　　销：全国新华书店

出版策划：成都力扬文化传播有限公司　028-86965206

印　　刷：成都兴怡包装装潢有限公司

开　　本：145mm×210mm　1/32

印　　张：7

字　　数：160 千字

版　　次：2020 年 11 月第 1 版

印　　次：2020 年 11 月第 1 次印刷

书　　号：ISBN 978-7-5126-8266-5

定　　价：38.00 元

序

　　屈原是伟大的爱国主义诗人，他那博闻强识的知识积累，上下求索的探索精神，好修为常的道德情操，积极进取的人生态度，胸怀天下的美政理想，沉痛哀婉的人生际遇，瑰丽浪漫的审美情怀，宁死不屈的人格力量，激励和感动着一代又一代的仁人志士。屈原还在继承《诗经》为代表的先秦中原文学传统的基础上，结合楚国地方文学，创造了"楚辞"这种新的文学样式和"发愤抒情"的诗文创作传统，推动了战国时期中国文学的发展。随着屈原《离骚》《九歌》等作品的经典化和历代学者、文人的传播接受，"屈骚传统"成为中国文学的重要源泉，屈原精神已经成为中华民族的民族精神的重要组成部分。淮南王刘安《离骚传叙》说：

　　其文约，其辞微，其志洁，其行廉，其称文小而其指极大，举类迩而见义远。其志洁，故其称物芳。其行廉，故死而不容自疏。濯淖污泥之中，蝉蜕于浊秽，以浮游尘埃之外，不获世之滋垢，皭然泥而不滓者也。推此志也，虽与日月争光可也。（洪兴祖《楚辞补注》引）

刘安对屈原的评价涉及屈原的作品成就和志行高洁、人格伟大之间的内在联系，为后世所普遍认可与接受。其人格，正如王逸所言："今若屈原，膺忠贞之质，体清洁之性，直若砥矢，言若丹青，进不隐其谋，退不顾其命，此诚绝世之行，俊彦之英也。"（洪兴祖《楚辞补注》引）其文学，则如刘勰所云："能气往轹古，辞来切今，惊采绝焰，难与并能矣。……枚马追风以入丽，马扬沿波而得奇，其衣被词人，非一代也。"（《文心雕龙·辨骚》）

综合各代对屈原的评论来看，屈原精神的建构经历了一个历史的过程。其建构的方式主要有三种：

一是通过整理编辑并注解屈原的作品，深入阐发蕴含于其中的屈原精神的价值和内涵。如淮南王刘安、王逸、班固、郭璞，以及洪兴祖、朱熹、王夫之、汪瑗、林云铭、蒋冀等，还有近现代以来为《楚辞》作注解的学者和文人，就是通过注释疏解这一传统儒家经典的诠释方式来阐发和建构屈原精神。当然，不同时代的学者对屈原精神及其价值的阐发，总是站在他所处时代的立场上来进行的，因而呈现出对屈原精神建构的丰富多样性。

二是通过模仿和继承屈原的创作，力求从个体生命体验和文学创作的角度，对屈原的独特遭遇与悲剧命运达至"同情之理解"，表达对其高洁志行与光辉人格的追慕与认同。如屈原之后的宋玉、唐勒、景差，汉代的贾谊、东方朔、刘向，魏晋南北朝时期的曹植、江淹，唐代的李白、杜甫，宋代的苏轼、辛弃疾、姜夔，明清及以后众多模拟楚辞进行诗文创作与绘画创作的文人。陆时雍指出屈子之作："浑沦如天，旁薄如海，凝重如山，流注如川，变化如鬼神，驰聚如风雨，奇丽如品物，文章至此可谓尽神。自古能文，屈子亦其中之一矣，余则支流余派已矣！"（《楚辞疏·读楚辞语》）历代文人创作上对屈原的继承与模仿，正是出于上述原因。这种方式的特点是通过文学创作形成创作主体与屈原人格的认同，其结果是极大地丰富了屈原精神的人格内涵，实现了屈原精神生命在文学及艺术史中的复活与延续。

三是通过一个独特的节日——端午——仪式的展演，通过划龙舟、吃粽子、饮雄黄酒等仪节，歌颂屈原，纪念屈原，追慕屈原。据现有文献记载，至迟在南北朝时期，人们就把端午这个流行于春秋时代吴楚一带的原本与屈原无关的节日"赠予"了屈原。自此，形成了一种从民间和民俗层面建构屈原精神的新倾向。屈原的爱国主义情怀中心系百姓和国家的内涵被进一步凸现出来。随着端午节民俗的传播，屈原精神的影响超越了国界，传播到中国周边的儒家文化圈及世界各地。

回望经典，通过以上三种方式构建而成的屈原精神，至少包括文学层面、人格层面和民族文化心理层面三重内涵。社会记忆研究的专家、德国学者哈拉尔德·韦尔策曾指出："'文化记忆'的特点有二：一是认同具体性，就是说它涉及储存的知识及其对一个大我群体的集体认同的根本意义；二是重构性：大我群体的这些知识涉及当今。'文化记忆虽然固着于不可更改或不可质疑的回忆形象和储存的知识，可是每种当今又都把自己置于一种对这些形象和知识进行掌握、分析、保持和改造的关系之中'。"（《社会记忆：历史、回忆、传承》，季斌、王立君、白锡堃译，北京大学出版社 2007 年版，第 5 页。）屈原精神也具有韦尔策所说的"文化记忆"的两重属性。

辛弃疾的《生查子·独游西岩》云："山头明月来，本在高高处。夜夜入青溪，听读《离骚》去。"记录了爱国词人对屈原精神的深刻理解与认同。著名学者梁启超也曾说："吾以为凡为中国人者，须获有欣赏《楚辞》之能力，乃不为虚生此国。"（《要籍解题及读法》）进入新时代，在实现中华民族伟大复兴中

国梦的时代大背景下，阅读优秀文学经典，弘扬优秀传统文化，提升全民族的文化自信成为共识，屈原精神因其蕴含着新的价值，因此更加焕发出新的光芒！立足时代召唤，充分揭示、阐发和进一步建构屈原精神，不仅很必要，而且很重要。

吴茂明同志曾在西北师范大学文学院攻读硕士学位，问学于我，读书期间，我们曾就《楚辞》研究的有关问题进行过多次讨论，他对古典文学的热爱和对学业的执着精神给我和文学院的其他老师留下了非常深刻的印象。后来，他的学位论文也以《楚辞》为题，并顺利地通过了答辩。他毕业后回山东工作，多年来我们虽久疏音讯，但知他在工作之余仍一直坚持读书思考。前几天，他打电话来告知在硕士学位论文的基础上，扩充材料，深化论点，撰成屈原精神研究方面的专著，即将出版。我很为他高兴，他发来书稿，嘱我作序。我虽然在业师赵逵夫先生的指导下对《楚辞》做过一些探索，共同编写《楚辞语言辞典》，也发表过《论诗骚传统》等《楚辞》研究的论文。近年来，上海博物馆藏战国竹书、清华大学藏战国竹书等出土资料的面世，为楚辞研究提供了新的材料，带来了新的气象，我身处其中，受到启发，也曾利用新出文献撰写了《〈诗〉〈骚〉"求女"意象探源——从清华简〈楚居〉说开来》等研究论文。虽然如此，但我自知学识浅薄，本不敢为人作序，但茂明同志坚持再三，为其至诚所动，遂就"屈原精神"建构及其价值等问题略陈鄙见如上。一来借此向学界师友求教，二来与茂明同志共勉。

韩高年

2020 年 10 月 25 日

前　言

　　"5000多年来，中华民族之所以能够经受住无数难以想象的风险和考验，始终保持旺盛生命力，生生不息，薪火相传，同中华民族有深厚持久的爱国主义传统是密不可分的。"习近平揭示了爱国主义对于中华民族永葆旺盛生命力的核心地位和伟大意义。本书正是对以爱国精神为核心的屈原精神的探究和解读。

　　屈原，战国时期楚国政治家，是"楚辞"的创立者和代表作者，开创了中国诗歌由集体歌咏到个人独创的文学新时代，是中国历史上第一位伟大的爱国诗人、浪漫主义文学的奠基人，被誉为"中华诗祖""辞赋之祖""诗魂"。屈原生卒年限，据胡念贻、金开诚综合研判和考据，屈原约生于楚宣王十七年即公元前353年，卒于楚顷襄王二十二年即公元前277年前后。屈原，芈姓，名平，字原，《离骚》中自述名正则，字灵均，出身于楚国贵族。屈原先是担任三闾大夫，"三闾之职，掌王族三姓，曰昭、屈、景"，负责管理宗族事务并督导、教育楚国昭、屈、景三大贵族子弟，颇有声望。后楚怀王重用屈原，任命其为左徒，"入则与王图议国事，以出号令；出则接遇宾客，应对诸侯"，是楚国当时内政外交的主要参与者，因此"王甚任之"。屈原以富强

国家、一统天下为己任，开始主持楚国的政治改革，修订宪令，举贤任能，触犯了以上官大夫靳尚、令尹子兰为首的旧贵族集团的既得利益，受到了他们的嫉恨和政治陷害。楚怀王不能坚心改革，不能完全信任屈原，受贵族集团的蛊惑，屈原受到疏远、贬官、外放。楚顷襄王继位后，屈原被罢官放逐，期间创作了大量的诗歌，阐发了自己高尚纯洁的人格追求、至死不渝的爱国忠君情怀、"天下兴亡匹夫有责"的自觉担当精神、希图楚国富强从而一统天下的美政思想。公元前 278 年，秦国大将白起攻破了楚国郢都，楚国亡，屈原不愿流亡他乡，誓与祖国同生死，大约于公元前 277 年前后自沉汨罗，以死明志。

"有的人死了，他还活着"，臧克家说。洪兴祖说屈原是"虽死犹不死也"。自屈原逝世后至今两千多年的历史长河中，屈原是中国乃至世界文学家中影响最为深远、最为广泛的伟大诗人，究其原因，正如习近平所说："古往今来，任何一个有作为的民族，都以自己的独特精神著称于世。爱国主义是中华民族精神的核心。"屈原之所以影响深远，就是他以爱国精神为核心的屈原精神如日月之明，永照后人。

本书之所以以《屈原精神研究通论》命名，主要有以下四点思考：

第一，欲求在屈原精神专题研究上有所尝试。屈原研究，自两汉发端，遂成显学，受到历代学者重视，研究之成果可谓累累而蔚为大观。期间，屈原以及楚辞研究的方法也在不断创新：或采取章句训释的方法，或采取义理探究的方法，或采取综合研究的方法，等等，不一而足。但是，我们发现，无论方法上怎样变换，对屈原及楚辞的研究却无过于两个方面：要么重在作品之文字训诂，要么重在屈原精神之评判。在精神研究方面，概括起来有两点：一是对屈原精神内涵的片面性研究，也即对屈原精神研究侧重于某一方面的研究，如汉代的忠君研究，魏晋南北朝的自由精神之偏重，宋代的爱国研究，清代的民族精神研究，而20世纪则基本上是围绕着屈原有无、是否爱国的争论展开研究。自汉以降，两千余年来，尚未有以完整之体系来诠释屈原精神者，立在我们面前的屈原，是一个一个的侧面，而不是全貌，这影响了人们对屈原精神的整体认识和把握。二是在屈原精神研究的大部分时段，尤其是自汉以来的整个封建社会时期，屈原精神没有作为一个专有名称、没有作为一个专门的课题正式提出，最大程度也不过是个别研究者有过类似的评论，如清代林云铭在其《楚辞灯·离骚》曾赞叹说"屈原全副精神，总在忧国忧民上"，亦不过是提到了"精神"称谓，而未从此发端深究，仅此而已。即便是进入20世纪，提出屈原精神这个专有称谓，也不过是该世纪后期的事情，而且大多数情况下，或作为一个名称在不同的语境使用，或继承前人之说，就屈原精神某一方面论述，自说自话的状况依然没有改变，对屈原精神的研究，缺乏一种从现象到本质的深度提升，缺乏从个别层面到整体面貌的塑造。基于以上情况，本书尝试以屈原精神作为学术之专题予以论述，并期望有所收获。

第二，继承并发扬前人研究之成果，使屈原精神作为专题而研究成为学人不容推辞的责任和义务。屈原及其作品，从两汉开始就成为历朝历代研究的重点，自古以来就是"显学"，其史传、考据、注释、文议、辑录等结集、单篇不胜枚举，可谓汗牛充栋，不一而足。其中，在屈原精神相关层面的研究上，由于世夐文隐，史传资料较为匮乏，对屈原精神的含义及其内涵，还没有一个较为系统而确切的界定。但是，这并没有影响人们探讨屈原精神的热情，而是对屈原"惜而哀之，世论其辞，以相传焉"。两千多年来，在屈原精神研究上，历朝历代都呈现了各呈异彩的

巨大成果，涌现了许多学术大家，他们对屈原精神的探究，宛如一颗颗璀璨的明珠，放射出熠熠光彩，我辈学人有责任、有义务寻找到一根堪以匹配的金线，把这些宝贵的明珠串联起来，使屈原精神发出更加耀眼的光芒，并如长明灯一样永亮人间；若能有幸得界、时人认可，能努力为其增加一粒珠子，以增其彩，可为我辈学人之良愿。

第三，屈原精神激荡后人的巨大力量可为我辈学人研究屈原精神的源泉和动力。正如习近平说的："5000 多年来，中华民族之所以能够经受住无数难以想象的风险和考验，始终保持旺盛生命力，生生不息，薪火相传，同中华民族有深厚持久的爱国主义传统是密不可分的。"千百年来，每当民族动荡，国肇其难，或政治黑暗，乃至个人遭际受挫，人们便会情不自禁地寻找屈原，并从他那里汲取奔腾不息的激情和源源不断的力量。可以毫不夸张地说，两千年多来，屈原精神已成为中华民族精神的巨大支柱，已经渗透到中华民族的每一根血管，每一根神经。中华民族历历史之久远主动而自然地接纳屈原精神，并不断发扬光大，这为我们以屈原精神为专题进行系统研究是一个很大的鼓舞，更是一个必然的要求。况且，在进一步深化改革开放的今天，在全球化日益加剧的今天，在世界各国携手构建人类命运共同体的今天，在中华民族实现伟大复兴的今天，中华民族怎样才能秉持自己的主流精神立足世界民族之林而处不败之地，成为当代迫切需要解决并应予以高度重视的重大课题，屈原精神研究就是其中一个至为重要的领域。如何植根于我们灿烂的文明历史，着眼于民族发展的现实与未来，系统研究屈原精神，并使其在新的时代放射出新的光彩，增强民族文化自信，是我们屈辞研究中应该认真思考的问题，科学、慎重地研究屈原精神这个课题，具有深远的现实意义。

第四，之所以以屈原精神为专题进行研究，还有避免争论之考虑。自屈原研究开始以来，尤其是近现代，对屈原思想研究的争论为多，而研究屈原精神以及争论颇少。如研究屈原思想归属问题，有的以为属儒家，有的以为属道家，有的以为属法家，有的以为属阴阳家……立论、论述各有不同，一时间争讼不熄，未有定论。实际上，科学审视屈原以及他所处的时代，屈原并没有像当时的思想大家诸如孔子、老子、墨子、韩非子等人提出可供百家争鸣的系统的思想体系，若有，即便是经历秦火，也会像诸子百家一样传之于后。然而，历史回答是否定的。既然如此，为什么还会出现屈原思想属于哪家哪派的争讼呢？我想关键是屈原的历史影响实在是太巨大了，以至于研究者以为没有相当然的、完整的思想体系，怎么会有如此的历史影响呢？这是一个误解或误判。实际上，从屈原对后世影响之力绵延不绝的客观事实来观察，不是思想的问题，而是精神的问题。屈原研究大家赵逵夫先生对屈原有一句很有分量的评判："他就是他，一个改革家，一个有远见的政治家，爱国诗人。"此语可谓一语中的，可解屈原思想归属之纷争。屈原之所以是屈原，之所以受到千百年来人们的推崇，除了他那光艳绝伦、泽被身后的伟大的骚体诗之外，最重要的还是他特立独行、彪炳千秋、堪称民族灵魂的屈原精神。屈原精神是屈氏独一无二的标签。为了避免陷于思想归属之纷争，本书由此以屈原精神研究通论破题，以凸显屈原精神的建构。

凡事都要溯本求源。我们对屈原精神的探究和提炼也不例外。本书在框架上，首先基本按照历史发展的先后脉络，分析、借鉴前人研究的成果。两汉时期是屈原精神研究的起始阶段，主要围绕屈原人格及为臣之道展开，对屈原精神进行了悖论性发掘，肯定的一方主要以刘安、司马迁、王逸为代表，批判的一方主要以杨雄、班固为代表，双方在对屈原精神的批判与肯定中，

确立了屈原精神内涵的基点。其中，王逸的贡献最为突出，是屈原精神研究的奠基性人物。魏晋至隋唐时期的屈原精神研究在总体水平上虽并未超越汉代，但对其人格的独立、想象的奔放、感情的炽热、心灵的自由等有所发掘，具有鲜明的时代特色。两宋时期则是屈原精神研究进一步发展的阶段，以洪兴祖、朱熹为代表。洪兴祖在继承汉代王逸研究的基础上，对屈原精神中的忠君内涵进行了丰富，并提出了屈原忧国新论，为后世屈原爱国精神研究打下了基础，是对王逸研究的发展。朱熹则在洪兴祖的基础上，在屈原精神研究上有了更大的突破，以儒家处世标准为屏障，提出了屈原爱国新说，这在内忧外患的南宋时期，具有着振奋民族精神的特殊意义，把屈原精神研究推向了新的高度。明清时期，明代主要以汪瑗为代表，对屈原精神尤其是屈原之死做了新的阐释。清代主要以王夫之为代表，结合自己的身世经历、国亡家恨、民族矛盾等，重点阐释了屈原之忠，把屈子之忠上升到国家与民族的高度，屈原精神由此达到了一个新的层面。20世纪主要是围绕屈原之有无和屈原爱国与否来展开，爱国精神在此一时期最终确立。屈原及其精神从中国走向世界，毛泽东是主要的推动者。毛泽东对屈原一向倍加推崇，1949年12月，毛泽东与苏联汉学家弗德林评价屈原时说："屈原不仅是古代的天才歌手，而且是一位伟大的爱国者；无私无畏，勇敢高尚，他的形象保留在每个中国人的脑海里。无论在国内国外，屈原都是一个不朽的形象。我们就是他生命长存的见证人。"毛泽东既对以爱国为核心的屈原精神进行了高度概括和凝练，又指出了屈原精神的继承和发展。毛泽东还以《七绝·屈原》一诗赞扬了屈原的爱国情怀和以死明志的战斗精神。1953年，在毛泽东的提议下，世界和平理事会把屈原列为世界四大文化名人之一，受到世界和平理事会和全世界人民的隆重纪念，屈原及其精神正式走向世界。

屈原向世人展示了什么样的精神面貌？本书综合前人的研究成果，将历史资料、屈原作品研究充分结合，提出屈原精神的架构，认为屈原精神的文化内涵最基本的应包括人格精神、爱国精神、自觉精神、美政理想、一统理想等内容，并对屈原精神诸构件进行条分缕析，提炼出屈原精神的核心精神及其诸构件之间的关系，并阐释屈原精神的历史影响及现实意义。同时，著者一贯坚持睹原貌、知原味必须读原著的研读原则，在研读屈原辞赋的过程中，对比各种版本发现，专门的屈原辞赋辑录非常罕见，大多为涵盖多名作者的楚辞集，其中不仅有疑似屈原作品实则不能确定的辞赋，而且还有辑录者的仿品，虽然这些作品对理解屈原辞赋有一定的佐证作用，但毕竟只是一家之言，不能代表屈原辞赋全貌，更有甚者，读者特别是研究者容易混淆屈原作品本来面貌，影响正确理解屈原精神。有鉴于此，著者对屈原辞赋进行了一定的甄别，按照时间先后，依屈原青少年时代、受重用时期、被楚怀王贬官赋闲京都时期、被楚怀王贬官外放时期、屈原被楚顷襄王罢官放逐时期五个时期，辑录屈原辞赋共23篇。但由于著者学识尚浅，此等甄录不一定合乎规范，还望大家予以指正。本书还将司马迁的《史记·屈原列传》、王逸的《楚辞章句序》以及笔者的学术论文《古代歌舞的功利性分析》附录于后，以便于读者比较阅读。

本书之成，多承导师西北师大副校长韩高年指导，多承学友朱荣梅帮助，在此谨表衷心感谢。

由于水平有限，我的解读肯定不能完全准确，因此，敬请读者对本书多加指正。

二〇二〇年五月

目录
CONTENTS

总　论

　　屈原研究，自两汉发端，遂成显学，受到历代学者重视，研究之成果可谓累累而蔚为大观。在屈原精神研究上，特别是在诸如屈原的人格精神、美政和一统理想、爱国精神等各方面的研究，历朝历代都呈现了各呈异彩的巨大成果，涌现了许多学术大家，如汉之王逸，宋之洪兴祖、朱熹，清之王夫之、蒋骥、戴震，近现代之梁启超、闻一多、郭沫若、游国恩、姜亮夫、汤炳正、褚斌杰、赵逵夫、毛庆、周建忠等，他们对屈原精神的研究，宛如一颗颗璀璨的明珠，放射出熠熠光彩，并由此逐步发掘了屈原精神的丰富内涵，为屈原精神综合研究打下了厚重的基础。纵观两千余年的屈原精神研究史，大略可以分为五个时期：

　　一是两汉时期，是屈原精神研究的发端时期、奠基时期。这一时期的特点是对屈原精神进行了悖论性发掘，主要代表，批判性的一方以班固为代表，肯定性的一方以王逸为代表，在对班固的批判中，确立了屈原精神内涵的基点，为后世屈原精神研究打下了坚实的基础。二是魏晋至隋唐时期，屈原精神研究在总体水平上虽并未超越汉代，但对屈原独立之精神、文学之浪漫等有所发掘，时代特色较为鲜明。三是两宋时期屈原精神研究达到了一个高度，是屈原精神研究丰富与发展的重要阶段，其中，洪兴祖忧国新论、朱熹的爱国之说最为突出，贡献最大，是完成这一阶段重要成果的两个代

表性人物。四是清代时期，这一时期的屈原精神研究主要以王夫之的贡献最大。王夫之把屈子之忠上升到国家与民族的高度来阐发，树立了屈原富有民族气节的爱国者形象，屈原精神也因具备了民族精神的内涵而达到了前所未有的高度。五是20世纪，对屈原精神的研究主要是围绕屈原之有无和屈原爱国与否来展开，在长达一个世纪的争论中，屈原爱国精神得到确立，并成为屈原精神研究的主流。

总的来说，自汉至20世纪，对屈原精神的研究，无论如何争论，都主要以屈原的人格、忠贞、爱国为一侧面，旁及屈原精神其他方面的不多，在从现象到本质的深度提升上，从个别层面到整体面貌的塑造上用力不够，影响了人们对屈原精神的整体认识和把握。而实际上，屈原精神具有丰富的内涵，单单局限于某一方面来研究是远远不够的。赵逵夫先生在分析20世纪60年代以来在日本出现新的"屈原否定论"原因时，认为第一个原因是"过去我们对屈原的生平与思想确实缺乏深入的研究。①"用赵先生这句话来评价20世纪以及之前的屈原精神研究状况是非常合适的。

郭沫若先生曾经这样评价屈原："由楚所产生出的屈原，由屈原所产生的《楚辞》，无形之中在精神上是把中国统一着的。"屈原精神是中华民族精神的重要构成部分、主要源头、一根贯穿始终的红线，因此，科学、慎重地研究屈原精神这个课题，具有深远的现实意义和长远意义。

基于以上情况，本书尝试以屈原精神作为学术专题，把屈原精神内涵的挖掘作为著文的研究重点，纵向考察与横向比较相结合，基本按照历史发展的先后脉络，以屈原精神研究为主线，进行比较、分析前人研究的成果，在此基础上，尝试分析屈原精神的文化内涵，以期在屈原精神综合研究上有所收获。

---

① 《屈原与他的时代》，赵逵夫，人民文学出版社，1996年，第9页。

第一章　两汉时期的屈原精神研究

一、时代背景——缘起润色鸿业

在两千多年的屈原精神研究历程中，两汉是其肇始阶段，起着源头的作用。这一阶段的屈原精神研究受当时政治形势的影响非常明显。一方面，秦始皇灭六国建立秦朝，虽然存在时间短暂，但是它所厉行的大一统观念却已深深植入历朝历代的统治意识之中。至刘邦改朝换代建立汉朝，经东西两汉阶段，继续做着大一统的事业，其中，汉朝对于整个封建王朝具有首创意义的一件大事就是思想的一统，其最杰出者当属汉武帝，正是他基于"外事四夷，内兴功利"①的政治方略，"罢黜百家，独尊儒术"，确立了儒家思想在封建王朝上层建筑中的至尊地位，一切的思想意识、行为，都必须符合儒教的规程，儒家思想成为约束人们言行、稳固统治的主导思想。另一个方面，由于"润色鸿业"的需要，辞赋在西汉得到很大的发展，成为当时特有的文学样式。

在这样的时代背景下，两汉兴起了以屈原作品为主的楚辞研究，楚辞学开始勃兴。一方面，对屈原作品进行考据证证、章句训诂；另一方面，对屈原精神内涵开始了探讨。围绕着屈原精神

① 《资治通鉴》，司马光，吉林人民出版社，2007年，第201页。

是否符合儒家思想，两汉对屈原精神内涵的探讨，一开始就陷入了争讼状态，参与论争者，各因其重，各执一词，其最大特点就是对屈原精神的悖论性发掘，从而开启了两千余年对屈原精神内涵的绵延不息的争讼。

二、屈原精神的悖论性发掘

两汉对屈原精神内涵的发掘主要是围绕着屈原人格以及为臣之道展开的，参与的一方以班固为代表，另一方以王逸为代表，对屈原精神进行了是与非的争论。有意味的是，双方都以儒家思想为评判的最高标准，但其持论却相互冲突，呈现悖论性特征。

（一）刘安、司马迁对屈原精神的肯定性评价。

1. 对屈原人格予以肯定并高度评价较早的是淮南王刘安。刘安（公元前179-前122），汉高祖刘邦之孙，淮南厉王刘长之子，西汉时期思想家、道家人物、文学家，其博学多才，曾招宾客方术之士数千人，编写《鸿烈》（《淮南子》），是在我国思想史上具有举足轻重的学术巨著。刘安是西汉时代的楚辞专家，王逸《楚辞章句叙》说，汉武帝"使淮南王安作《离骚经章句》，则大义粲然①"。刘安的《离骚传》或《离骚经章句》是中国最早对屈原及其《离骚》作高度评价的著作，其原文失传，今人已不可能了解其全貌了，无法知晓其详略意指了。但刘安对屈原人格的评判却在班固《离骚序》里呈现无遗："而淮南作传，以为《国风》好色而不淫，《小雅》怨诽而不乱。若《离骚》者，可谓兼之。蝉蜕浊秽之中，浮游尘埃之外，皭然涅而不缁，虽与日月争光可也。②"刘安除了肯定屈原作品符合儒家经义之外，对屈

① 《楚辞补注》，洪兴祖，中华书局，1883年。
② 《楚辞补注》，洪兴祖，中华书局，1983年，第52页。

原人格作了两点评价：一是出污泥而不染的清洁之节，二是高标于世的高尚之节。基于此，刘安认为屈原人格可与日月同辉、可受万世敬仰。刘安作为挖掘屈原精神第一人，一开始就对屈原的人格给予了至高无上的评价。

2. 司马迁对屈原精神内涵的剖析，较之刘安，在继承的基础上进行了较有力的拓展。司马迁（公元前 145 年-公元前 90 年），字子长，是我国西汉伟大的史学家、文学家、思想家，虽受汉武帝之腐刑，但仍以常人难以忍受的屈辱，发奋著述，创作了中国第一部纪传体通史《史记》，被公认为中国史书经典，高居"二十五史"之首，后世尊称其为中国历史之父，鲁迅则评价《史记》为"史家之绝唱，无韵之离骚"。公元前 122 年，对屈原高度赞扬的刘安去世，此时的司马迁约 23 岁，大约尚处在外出游历之途。"二十而南游江、淮，上会稽，探禹穴，窥九疑，浮於沅、湘；北涉汶、泗，讲业齐、鲁之都，观孔子之遗风，乡射邹、峄；厄困鄱、薛、彭城，过梁、楚以归。①"司马迁到大江南北亦含屈原故里的丰富游历，是为著作《史记》做准备的一次实地考察，他亲自采访，积累了大量的历史资料，求证了大量的历史史实，获得了许多第一手材料，保证了《史记》的真实性和科学性。公元前 108 年，司马迁三十八岁时，继承父业，正式做了太史令，并着手编写《史记》。后因受李陵事件牵连，被汉武帝处以宫刑，"今交手足，受木索，暴肌肤，受榜棰，幽于圜墙之中，当此之时，见狱吏则头枪地，视徒隶则心惕息②"，备受凌辱。公元前 96 年，汉武帝大赦天下，司马迁获释做了中书令，专

---

① 《史记》卷一百三十，《太史公自序第七十》，司马迁，中华书局，2005 年，第 2489 页。

② 《汉书》卷六十二，《司马迁传第三十二》，中华书局，司马迁，2007 年，第 621 页。

心致志撰写《史记》。此时已经 50 岁的司马迁，历经了锤骨刺心的巨大磨难，依《史记》而评判屈原精神，自有他深刻而独到的见解。一是在屈原人格上，司马迁赞同刘安的出污泥而不染、高标于世、清洁高尚的评价。"其文约，其辞微，其志洁，其行廉。其称文小而其指极大，举类迩而见义远。其志洁，故其称物芳；其行廉，故死而不容。自疏濯淖污泥之中，蝉蜕于浊秽，以浮游尘埃之外，不获世之滋垢，皭然泥而不滓者也。推其志也，虽与日月争光可也。①"司马迁在《屈原贾生列传》中引录了刘安对屈原的评价，并作了相应的补充，可见司马迁是赞成刘安的观点的。在此基础上，司马迁对屈原人格内涵作了进一步的阐释，认为屈原还具有品行方正、耿介正直、矢志不渝、志节高洁的宝贵人格。为此他分析说："屈平疾王听之不聪也，谗谄之蔽明也，邪曲之害公也，方正之不容也，故忧愁幽思而作《离骚》。夫天者，人之始也；父母者，人之本也。人穷则反本，故劳苦倦极，未尝不呼天也；疾痛惨怛，未尝不呼父母也。……信而见疑，忠而被谤，能无怨乎？屈平之作《离骚》，盖自怨生也②"，司马迁用楚王的昏聩、当朝谗谄邪曲之风气反衬了屈原高尚的人格。二是抒发了屈原忠君爱国之情怀。这是司马迁对屈原精神内涵的剖析较之刘安具有更大进步的一点。"屈平正道直行，竭忠尽智，以事其君，谗人间之，可谓穷矣。""屈平既嫉之，虽放流，眷顾楚国，系心怀王，不忘欲反，冀幸君之一悟，俗之一改也。其存

---

① 《史记》卷八十四，《屈原贾生列传第二十四》，中华书局，司马迁，2005 年，第 1934 页。

② 《史记》卷八十四，《屈原贾生列传第二十四》，中华书局，司马迁，2005 年，第 1933 页。

君兴国，而欲反覆之，一篇之中三致志焉。①"司马迁对屈原的上述评价，概括起来有三点：第一是说屈原忠君，第二是说屈原爱国。第三点，司马迁对忠君与爱国先后关系进行了界定——国家先于君王。所谓"存君兴国"者，存君是前提，兴国为目的。所谓"眷顾楚国，系心怀王，不忘欲反"者，更明确地将国家置于君王前列，国重于君的观念可谓昭然。正因为忠君而为兴国，屈原才会"一篇之中，三致志焉"，"眷顾楚国，系心怀王"，司马迁对屈原忠君爱国之情怀，可以说洞见甚明。

比较分析司马迁对屈原精神的各方面评价，他对屈原志节高洁、宁死不辱的精神最为赞赏。屈原诗作凡23篇，但在《屈原贾生列传第二十四》一卷中，在屈原一节，在一共两千一百余字中，司马迁其余不引，只原文引用了《怀沙》一篇，而且是全文引用：

陶陶孟夏兮，草木莽莽。伤怀永哀兮，汩徂南土。眴兮窈窈，孔静幽默。冤结纡轸兮，离愍之长鞠；抚情效志兮，俛诎而自抑。

刓方以为圜兮，常度未替；易初本由兮，君子所鄙。章画职墨兮，前度未改；内直质重兮，大人所盛。巧匠不斲兮，孰察其揆正？玄文幽处兮，矇谓之不章；离娄微睇兮，瞽以为无明。变白而为黑兮，倒上以为下。凤皇在笯兮，鸡雉翔舞。同糅玉石兮，一概而相量。夫党人鄙妒兮，羌不知吾所臧。

任重载盛兮，陷滞而不济；怀瑾握瑜兮，穷不得余所示。邑犬群吠兮，吠所怪也；诽骏疑桀兮，固庸态也。文质疏内兮，众

---

① 《史记》卷八十四，《屈原贾生列传第二十四》，中华书局，司马迁，2005年，第1935页。

不知吾之异采；材朴委积兮，莫知余之所有。重仁袭义兮，谨厚
以为丰；重华不可牾兮，孰知余之从容！古固有不并兮，岂知其
故也？汤禹久远兮，邈而不可慕也。惩违改忿兮，抑心而自强；
离缗而不迁兮，愿志之有象。进路北次兮，日昧昧其将暮；含忧
虞哀兮，限之以大故。

乱曰：浩浩沅、湘兮，分流汨兮。修路幽拂兮，道远忽兮。
曾唫恒悲兮，永叹慨兮。世既莫吾知兮，人心不可谓兮。怀情抱
质兮，独无匹兮。伯乐既殁兮，骥将焉程兮？人生禀命兮，各有
所错兮。定心广志，余何畏惧兮？曾伤爰哀，永叹喟兮。世溷不
吾知，心不可谓兮。知死不可让兮，愿勿爱兮。明以告君子，吾
将以为类兮。

全文引用屈原作品只此一篇，足见司马迁对屈原"同死生，
轻去就"的爱国精神、高洁情怀的完全认同和高度赞扬。

司马迁对屈原总体是肯定的，但是对屈原不能追逐当时楚才
晋用的时代风尚而固守楚国、最终沉渊的做法不甚理解。"余读
离骚、天问、招魂、哀郢，悲其志。适长沙，观屈原所自沈渊，
未尝不垂涕，想见其为人。及见贾生吊之，又怪屈原以彼其材，
游诸侯，何国不容，而自令若是。读鵩鸟赋，同死生，轻去就，
又爽然自失矣。①"从司马迁"爽然自失"的情绪，我们可以看
出，司马迁对评价屈原自沉汨罗的做法，是肯定还是否定，茫然
费解，做不出准确的判断，表现了游离不定的怀疑态度。但也正
是司马迁对屈原死志的怀疑，开启了后代对屈原自沉汨罗价值的
争论与探讨。

---

① 《史记》卷八十四，《屈原贾生列传第二十四》，中华书局，司马迁，2005 年，
第 1949 页。

（二）杨雄、班固、贾谊对屈原精神的批判。

1. 对屈原人格予以批判较早的人是西汉末年的杨雄。杨雄（公元前58-公元18年），西汉哲学家、文学家、语言学家，辞赋与司马相如相媲美，世称"扬马"。杨雄对屈原人格批判主要集中反映在他的《反离骚》中：

有周氏之蝉嫣兮，或鼻祖于汾隅，灵宗初谍伯侨兮，流于末之扬侯。淑周楚之丰烈兮，超既离乎皇波，因江潭而淮托兮，钦吊楚之湘累。

惟天轨之不辟兮，何纯洁而离纷！纷累以其涹兮，暗累以其缤纷。

汉十世之阳朔兮，招徭纪于周正，正皇天之清则兮，度后土之方贞。图累承彼洪族兮，又览累之昌辞，带钩矩而佩衡兮，履欃枪以为綦。素初贮厥丽服兮，何文肆而质皆！资娵、娃之珍髢兮，鬻九戎而索赖。

凤凰翔于蓬陼兮，岂驾鹅之能捷！聘骅骝以曲艰兮，驴骡连蹇而齐足。枳棘之榛榛兮，猿狖拟而不敢下，灵修既信椒、兰之唼佞兮，吾累忽焉而不蚤睹？

衿荭茄之绿衣兮，被夫容之朱裳，芳酷烈而莫闻兮，不如襞而幽之离房。闺中容竟淖约兮，相态以丽佳，知众嬬之嫉妒兮，何必扬累之蛾眉？

懿神龙之渊潜，侯庆云而将举，亡春风之被离兮，孰焉知龙之所处？愍吾累之众芬兮，扬烨烨之芳苓，遭季夏之凝霜兮，庆夭悴而丧荣。

横江、湘江以南淮兮，云走乎彼苍吾，驰江潭之泛溢兮，将折衷乎重华。舒中情之烦或兮，恐重华之不累与，陵阳侯之素波兮，岂吾累之独见许？

精琼靡与秋菊兮，将以延夫天年；临汨罗而自陨兮，恐日薄于西山。解扶桑之总辔兮，纵令之遂奔驰，鸾皇腾而不属兮，岂独飞廉与云师！

卷薜芷与若蕙兮，临湘渊而投之；棍申椒与菌桂兮，赴江湖而沤之。费椒稰以要神兮，又勤索彼琼茅，违灵氛而不从兮，反湛身于江皋！

累既攀夫傅说兮，奚不信而遂行？徒恐之将鸣兮，顾先百草为不芳！

初累弃彼虑妃，更思瑶台之逸女，抨雄鸠以作媒兮，何百离而曾不一耦！乘云蜕之旖柅兮，望昆仑以樛流，览四荒而顾怀兮，奚必云女彼高丘？

既亡鸾车之幽蔼兮，驾八龙之委蛇？临江濒而掩涕兮，何有《九招》与《九歌》？夫圣哲之遭兮，固时命之所有；虽增都以于邑兮，吾恐灵修之不累改。昔仲尼之去鲁兮，斐斐迟迟而周迈，终回复于旧都兮，何必湘渊与涛濑！混渔父之餔兮，洁沐浴之振衣，弃由、聃之所珍兮，蹍彭咸之所遗①！

杨雄的指责主要有三点：一是屈原不能怀德自珍。"知众嬬（户）之嫉妒兮，何必飏累之峨眉？"这是说屈原有美德但是不知收藏，也就是说屈原不会谦虚，太张扬，才招致逸小嫉妒。二是屈原不明智。"灵修既信椒、兰之唼佞兮，吾累忽焉而不蚤睹"，"累既攀夫傅说兮，奚不信而遂行"，说屈原没有先见之明，对政治形势没有一个明智的判断。三是屈原固执而不知圆通，不能明哲保身。"夫圣哲之（不）遭兮，固时命之所有"，"带钩矩而佩

---

① 《汉书》卷八十七，《扬雄列传第五十七》，中华书局，班固，2007 年，第 860、861 页。

衡兮，履櫄枪以为綦"，"违灵氛而不从兮，反湛身於江皋！"，"昔仲尼之去鲁兮，斐斐迟迟而周迈，终回复於旧都兮，何必湘渊与涛濑"，是说屈原违逆时命，知不可为而强为之，竟然违逆楚王，不知进退，以至于自沉湘水，对于屈原对楚国不离不弃的做法大不以为然。实际上，这是针对屈原不甘"委厥美以从俗兮，苟得列乎众芳"而言的，实有讥讽之意味，言下之意，你屈原不愿委身于流俗，但自沉汨罗，最终还不是"污淖陷沟渠"，难以自洁。这里杨雄实际上对屈原"伏清白以死直兮"以死明志做法的彻底否定，大大降低了屈原的道德水准，是对屈原峻洁人格的否定①。

2. 班固对屈原人格精神的否定性批判。班固（公元 32 年—公元 92 年），东汉著名史学家、文学家，所著《汉书》是《史记》之后中国又一部重要史书，影响颇大。与杨雄相比较，作为史学家、辞赋家，班固对屈原的批判更为严厉，更具代表性和影响力，他由人格批判上升到了君臣伦理批判的高度。班固在《离骚序》中评价说：

昔在孝武，博览古文，淮南王安叙《离骚传》，以国风好色而不淫，小雅怨悱而不乱，若《离骚》者，可谓兼之。蝉蜕浊秽之中，浮游尘埃之外，嚼然泥而不滓。推此志，虽与日月争光可也。斯论似过其真。又说五子以失家巷，谓五子胥也。及至羿、浇、少康、贰姚、有娀氏佚女，皆各以所识，有所增损，然犹未得其正也。故博采经书传记本文，以为之解。且君子道穷，命矣。故潜龙不见是而无闷，《关雎》哀周道而不伤，蘧瑷持可怀

---

① 《汉书》卷八十七，《扬雄列传第五十七》，中华书局，班固，2007 年，第 860、861 页。

之智，宁武保如愚之性，咸以全命避害，不受世患。故大雅曰：
"既明且哲，以保其身。"斯为贵矣。今若屈原，露才扬己，竞乎
危国群小之间，以离谗贼。然责数怀王，怨恶椒兰，愁神苦思，
强非其人，忿怼不容，沈江而死，亦贬絜狂狷景行之士。多称昆
仑冥婚宓妃虚无之语，皆非法度之政、经义所载，谓之兼诗风雅
而与日月争光，过矣。然其文弘博丽雅，为辞赋宗，后世莫不斟
酌其英华，则象其从容。自宋玉、唐勒、景差之徒，汉兴，枚
乘、司马相如、刘向、扬雄，骋极文辞，好而悲之，自谓不能及
也。虽非明智之器，可谓妙才者也①。

　　从这段文字，我们可以概括出班固对屈原的批判主要有以下
几点：首先，认为屈原人格并非高尚。他说刘安所谓屈原"推此
志，与日月争光可也"的人格评价，"斯论似过其真"，"谓之兼
诗风雅而与日月争光，过矣"。在区区四百余字的小短文里，竟
有两次重复说刘安对屈原评价太过，说明班固对屈原具有高尚峻
洁的人格颇有微词。其次，认为屈原人格不健全。班固不仅认为
刘安之论言过其实，且认为屈原人格有缺陷。一是个性太过张
扬，不知谦虚。屈原"露才扬己"，张扬才华而不甘寂寞，不能
做到"潜龙不见是而无闷"。二是无明哲之智，不自量力。班固
首先给出了一个为人臣的标准："既明且哲，以保其身，斯为贵
矣。"明哲保身是为人臣最宝贵的，并以蘧瑗、宁武之明哲反衬
屈原之不智。据东周列国志记载，孙林父欲邀蘧瑗举事，往见蘧
瑗，蘧瑗对曰："人臣事君，可谏则谏，不可谏则去之，他非瑗
所知矣。"蘧伯玉目睹卫灵公之无道，又离卫适鲁，孔子说："宁

---

　　① 《楚辞补注》，洪兴祖，中华书局，1983 年。第 49 页。

武子，邦有道，则知；邦无道，则愚。①"也就是说宁武若遇邦国有道，则显露才智报效国家；若遇邦国无道，则韬光养晦佯装愚笨。因为孔子的评价，蘧瑗、宁武就成为为人臣明哲保身的楷模。显然，屈原所作所为是不符合这一人臣范式的。"竞乎危国群小之间，以离谗贼"，在这里，班固把屈原与群小势不两立的斗争，说成是与群小竞宠于楚王，实际上是对屈原人格的卑贱。所以，班固给屈原的结论是"非明智之器"。第三，犯上不忠，死无所值。在班固看来，屈原不能安于"道穷"，过分张扬，与群小竞宠，若尚能够容忍的话，那么，屈原"责数怀王，怨恶椒兰"的行为就不可容忍了，做人臣者指责君王，岂不是以下犯上、不忠不孝吗？"君为臣纲"！君臣伦理是不能颠覆的。作为臣子，怎么能够指责君王呢？正是因为屈原有"犯上"行为，班固对他的人格作出了根本性的否定，"忿怼不容，沉江而死"，屈原最终只能是自食苦果，这样的死法实在是死无所值，"亦贬絜狂狷景行之士"，言下之意，屈原若能像蘧瑗、宁武一样全命避害，也算明哲之士；然而，屈原却怀沙自沉，不仅自己失去了性命，更重要的是以己之死贬低、侮辱了那些高洁狂狷、有高尚情操的人，死有何值？根本就不值得效法。

3. 贾谊对屈原人格肯定、处世方式的否定。与杨雄、班固相比较，贾谊对屈原精神的态度是肯定中有否定——肯定其高尚的人格、不世出的才华，但对其愤世嫉俗、宁死不屈的处世方式持否定态度。贾谊这种观点，集中体现在其《吊屈原赋》和《鵩鸟赋》中。

《吊屈原赋》按意旨来说总体分为两部分，第一部分是这样说的：

---

① 《论语译注》，杨伯峻，中华书局，1980 年，第 50、51 页。

恭承嘉惠兮,俟罪长沙;侧闻屈原兮,自沉汨罗。造讬湘流兮,敬吊先生;遭世罔极兮,乃殒厥身。呜呼哀哉!逢时不祥。鸾凤伏窜兮,鸱枭翱翔。阘茸尊显兮,谗谀得志;贤圣逆曳兮,方正倒植。世谓随、夷为溷兮,谓跖、蹻为廉;莫邪为钝兮,铅刀为铦。吁嗟默默,生之无故兮;斡弃周鼎,宝康瓠兮。腾驾罢牛,骖蹇驴兮;骥垂两耳,服盐车兮。章甫荐履,渐不可久兮;嗟苦先生,独离此咎兮①。

这一部分,贾谊把屈原比喻为鸾凤、贤圣、莫邪、周鼎、骏马,充分肯定了屈原端方高洁的人格、不世出的政治才华,为其怀才不遇、深陷浊世深深叹息。贾谊对屈原一方面肯定其人格,一方面又对屈原的处世方式特别是自沉汨罗而保洁腹有非议,主要体现在第二部分:

讯曰:已矣!国其莫我知兮,独壹郁其谁语?凤漂漂其高逝兮,固自引而远去。袭九渊之神龙兮,沕深潜以自珍;偭蟂獭以隐处兮,夫岂从虾与蛭螾?所贵圣人之神德兮,远浊世而自藏;使骐骥可得系而羁兮,岂云异夫犬羊?般纷纷其离此尤兮,亦夫子之故也。历九州而相其君兮,何必怀此都也?凤凰翔于千仞兮,览德辉而下之;见细德之险徵兮,遥曾击而去之。彼寻常之污渎兮,岂能容夫吞舟之巨鱼?横江湖之鳣鲸兮,固将制于蝼蚁②。

---

① 《史记》卷八十四,《屈原贾生列传第二十四》,中华书局,司马迁,2005年,第1942页

② 《史记》卷八十四,《屈原贾生列传第二十四》,中华书局,司马迁,2005年,第1942页

怀才不遇怎么办？这一部分贾谊给出了答案：是凤凰就要远远飞走以避祸，是神龙就要深潜隐匿，是圣贤就要择处隐居。据于此，贾谊对屈原提出了批评："般纷纷其离此尤兮，亦夫子之故也。历九州而相其君兮，何必怀此都也？""此处不留爷，自有留爷处"，贾谊认为屈原坚守楚国而遭受祸难，最终是他不能"良禽择木而栖，贤臣择主而事"，固执而不知变通而造成的。

贾谊其实与屈原的身世遭遇颇为相似，但对屈原为何有如此评价？据司马迁著述，贾谊十八岁即因有茂才而闻名，二十余即被汉文帝委以博士重职，深得信任。后受大臣周勃、灌婴谗害、排挤，失去汉文帝宠信，离京远任长沙王太傅，渡湘水感怀而吊屈原，按说此情此景，贾谊内心世界应该与屈原的精神世界高度契合，但事与愿违，贾谊却对屈原自沉非常不理解、不满意，腹诽不已，以至于司马迁都深有疑虑："余读《离骚》《天问》《招魂》《哀郢》，悲其志。适长沙，过屈原所自沉渊，未尝不垂涕，想见其为人。及见贾生吊之，又怪屈原以彼其材游诸侯，何国不容，而自令若是！读《鵩鸟赋》，同死生，轻去就，又爽然自失矣。"这里说的《鵩鸟赋》是大约在《吊屈原赋》三年后而作，三年中，贾谊蜗居长沙而心向往京城，向往之前的尊崇得意，对三年前对屈原的凭吊，仍有深深的思考，自己何去何从？是如屈原一般愤世嫉俗、抗命抗争？还是随波逐流、得过且过？贾谊假借与一只代表凶恶的鵩鸟对话，以一种占卜问询的方式，从鵩鸟口中阐明了自己的所思所想：

请问于鵩兮："予去何之？吉乎告我，凶言其菑。淹数之度兮，语予其期。"鵩乃叹息，举首奋翼；口不能言，请对以臆：

"万物变化兮，固无休息。斡流而迁兮，或推而还。形气转续兮，变化而嬗。沕穆无穷兮，胡可胜言！祸兮福所倚，福兮祸

所伏；忧喜聚门兮，吉凶同域。彼吴强大兮，夫差以败；越栖会
稽兮，勾践霸世。斯游遂成兮，卒被五刑；傅说胥靡兮，乃相武
丁。夫祸之与福兮，何异纠缠。命不可说兮，孰知其极！水激则
旱兮，矢激则远。万物回薄兮，振荡相转。云蒸雨降兮，错缪相
纷；大专槃物兮，块圠无垠。天不可與虑兮，道不可与谋；迟数
有命兮，恶识其时。

　　且夫天地为炉兮，造化为工；阴阳为炭兮，万物为铜。合散
消息兮，安有常则；千变万化兮，未始有极。忽然为人兮，何足
控抟；化为异物兮，又何足患！小知自私兮，贱彼贵我；通人大
观兮，物无不可。贪夫徇财兮，烈士徇名。夸者死权兮，品庶冯
生。怵迫之徒兮，或趋西东；大人不曲兮，亿变齐同。拘士系俗
兮，攌若囚拘；至人遗物兮，独与道俱。众人或或兮，好恶积
意；真人恬漠兮，独与道息。释知遗形兮，超然自丧；寥廓忽荒
兮，与道翱翔。乘流则逝兮，得坻则止；纵躯委命兮，不私与
己。其生若浮兮，其死若休；澹乎若深渊之静，氾乎若不系之
舟。不以生故自宝兮，养空而浮；德人无累兮，知命不忧。细故
蒂芥兮，何足以疑！①"

　　从上引文可以很容易看出，诸如"万物变化兮，固无休息"，
"祸兮福所依，福兮祸所伏"，"迟速有命兮，焉识其时"，"达人
大观兮，物无不可"，"其生兮若浮，其死兮若休"，等等观点都
是贾谊宣示的老庄思想。当年贾谊少年得志，其精进于朝廷、蓬
勃发展之状态，是看不出一丝老庄思想的，怎么贬黜之后，就突
然讲起玄之又玄来？这一点是不难理解的。西汉之初，以老庄思

---

　　① 《史记》卷八十四，《屈原贾生列传第二十四》，中华书局，司马迁，2005年，
第1946页。

想立国，崇尚无为而治，休养生息，其用材取士必然以老庄思想为主导，天下私塾、学子必以研学老庄思想为要，贾谊亦不例外。所以，贾谊骨子里的灵魂是打上老庄思想烙印的，当他精进受阻、才华无以施展、抱负实现无望之际，其前途凶险难料、何去何从之时，他自然用他的主流思想——老庄思想思考问题、寻找答案。这就是贾谊有别于屈原的主要方面，这就是贾谊对屈原人格肯定、处世方式否定的原因。至此，司马迁之问也就有了答案。

（三）王逸对屈原精神予以充分肯定并确立了屈原精神的基点。

王逸（生卒年不详），字叔师，东汉著名文学家，官至豫州刺史，豫章太守。所作《楚辞章句》是《楚辞》中最早的完整注本，并作《九思》以哀悼屈原，对后世楚辞治学影响深远。王逸对屈原精神内涵的挖掘，是在反驳班固对屈原的批判过程中以及《楚辞章句》训释过程中形成的，集中体现在他的《楚辞章句序》之中。这篇序针对班固对屈原精神的批判，针锋相对地进行了逐一批驳，条分缕析，反驳有理有据，令人信服。王逸说：

而屈原履忠被谮，忧悲愁思，独依诗人之义而作离骚，上以讽谏，下以自慰。遭时闇乱，不见省纳，不胜愤懑，遂复作九歌以下凡二十五篇。楚人高其行义，玮其文采，以相教传。至於孝武帝恢廓道训，使淮南王安作离骚经章句，则大义粲然。后世雄俊，莫不瞻慕，舒肆妙虑，缵述其辞。逮至刘向典校经书，分为十六卷。孝章即位，深弘道艺，而班固贾逵复以所见改易前疑，各作离骚经章句。其余十五卷，阙而不说。又以壮为状，义多乖异，事不要括。今臣复以所识所知，稽之旧章，合之经传，作十六卷章句。虽未能究其微妙，然大指之趣略可见矣。且人臣之

义，以忠正为高，以伏节为贤。故有危言以存国，杀身以成仁。
是以伍子胥不恨於浮江，比干不悔於剖心，然后忠立而行成，荣
显而名著。若夫怀道以迷国，佯愚而不言，颠则不能扶，危则不
能安，婉娩以顺上，逡巡以避患，虽保黄耇，终寿百年，盖志士
之所耻，愚夫之所贱也。今若屈原，膺忠贞之质，体清洁之性，
直若砥矢，言若丹青，进不隐其谋，退不顾其命，此诚绝世之
行，俊彦之英也。而班固谓之露才扬己，竞於群小之中，怨恨怀
王，讥刺椒兰，苟欲求进，强非其人，不见容纳，忿恚自沈，是
亏其高明而损其清洁者也。昔伯夷叔齐让国守分，不食周粟，遂
饿而死，岂可复谓有求於世而怨望哉！且诗人怨主刺上，曰"呜
呼小子，未知臧否，匪面命之，言提其耳。"风谏之语，於斯为
切。然仲尼论之，以为大雅。引此比彼，屈原之辞，优游婉顺，
宁以其君不智之故，欲提携其耳乎？而论者以为露才扬己，怨刺
其上，强非其人，殆失厥中矣。……屈原之辞，诚博远矣！自终
没以来，名儒博达之士，着造辞赋，莫不拟则其仪表，祖式其模
范，取其要妙，窃其华藻，所谓金相玉质，百世无匹，名垂罔
极，永不刊灭者矣①。

王逸在对班固的批判中，确立了屈原精神内涵的基点：

1. **忠贞**。王逸对屈原精神内涵的挖掘，最大的贡献就是他对
屈原忠贞精神的确立，自从这一精神范式确立后，成为后世研究
屈原精神者首先予以肯定并着力的重要方面。与班固的"明哲保
身"的人臣之道不同，王逸提出了自己理解的人臣标准："且人
臣之义，以忠正为高，以伏节为贤。故有危言以存国，杀身以成
仁。"于国于君，忠义为最高标准，为尽忠报国，可杀身以成仁。

---

① 《楚辞补注·王逸序》，洪兴祖，中华书局，1983 年，第47—49 页。

屈原正是最讲忠义的人。"今若屈原，膺忠贞之质"，"而屈原履忠被谮"，"然后忠立而行成，荣显而名著"。之于"责数怀王"之类，王逸回答说："且诗人怨主刺上，……风谏之语，……然仲尼论之，以为大雅"，而屈原之辞"优游婉顺，宁以其君不智之故，欲提携其耳乎"，屈原的做法不仅不是不忠，而是恪尽职守、敢于诤言救国的大忠臣。"至於孝武帝恢廓道训，使淮南王安作离骚经章句，则大义粲然。"如果屈原于国于君没有忠义可言，汉武帝怎么会让刘安为屈原张目呢？这就是"后世雄俊，莫不瞻慕，舒肆妙虑，缵述其辞"的直接原因。所以班固批判屈原不忠之论实在是"殆失厥中矣"！满篇序文，王逸主要就是要阐明屈原的忠贞精神。从此开始，屈原作为忠臣的楷模、历代人臣效法的榜样正式树立起来。

2. 尽义。"直若砥矢，言若丹青，进不隐其谋，退不顾其命，此诚绝世之行，俊彦之英也"，"危言以存国，杀身以成仁"。在国家危难之际，屈原正道直行，竭忠尽智，奔走呼号而置身家性命安危于不顾，以至于杀身成仁，绝非蘧瑗、宁武之徒可以比肩。在王逸眼里，屈原具有敢当道义、不避水火、公而忘私、光明磊落的高尚人格，正为此，屈原才得到了人民的热爱。"楚人高其行义，玮其文采，以相教传。"王逸看到了尽义之人的民众影响，这也是王逸可贵而高于前人的一点。

3. 高洁。屈原具有清洁的品性，高尚的气节，是王逸所推崇的。他的人臣标准之一就是"以伏节为贤"，有气节即为贤臣，"今若屈原，膺忠贞之质，体清洁之性……"，屈原正是有高尚气节的人。为什么屈原不能像战国游士或者如圣人孔子一样"斐斐迟迟而周迈"？王逸没有做出正面回答，而是用两个儒家都认可的典范来说事："昔伯夷叔齐让国守分，不食周粟，遂饿而死……"拿伯夷、叔齐事迹来类比，屈原之所以"忿怼不容，沉

江而死"实在是气节使然。杀身成仁，以死明志，王逸第一次回答了屈原的死是否有所值、得其所的疑问。

三、屈原精神研究在悖论中的统一

作为封建王朝第一个朝代的缔造者，秦始皇可谓视野高阔、千古独步。从诸国残酷的战火中走出来的秦始皇，当然知道诸国从形式上消失了，但是国家并没有真正的统一，所以他施行了许多诸如焚书坑儒、统一度量衡以及货币等等政策，然而有一个重大的工作他还没来得及做——思想的统一。"楚虽三户，亡秦必楚。"秦始皇还没有来得及让楚国人的思想搭上他的脉搏，楚国人就把他灭亡了。楚国人建立的汉朝自然深知其中三昧。一个国家有统一的指导思想才有统一的行动，才有铁打的江山，大一统的局面。所以思想之于行动具有领先性、指导性。马克思对此有一个形象而深刻的阐述："蜜蜂建造蜂房的本领使人间的许多建筑师感到惭愧。但最蹩脚的建筑师从一开始就比最灵巧的蜜蜂高明的地方，是他在用蜂蜡建筑蜂房以前，已经在自己的头脑中把它建成了。劳动过程结束时得到的结果，在这个过程开始时就已经在劳动者的表象中存在着，即已经观念地存在着。①"而毛泽东分析得更加明确："一切事情是要人做的，……做就必须先有人根据客观事实，引出思想、道理、意见，提出计划、方针、政策、战略、战术，方能做好。思想等等是主观的东西，做或行动是主观见之于客观的东西，都是人类特殊的能动性。②"思想决定行动。思想各异，政令必然不能畅通，统治必然不能稳固。"今

---

① 《马克思恩格斯全集》第23卷，人民出版社，1971年版，第202页。
② 《毛泽东选集》第2卷，人民出版社，1991年，第477页。

师异道，人异论，百家殊方，指意不同，是以上亡以持一统。①"
董仲舒此语可谓切中时弊，一针见血。汉初刘邦时期"十年之
间，反者九起"，文帝时期淮南王刘长、吴王刘濞叛乱，景帝时
期吴楚七国大乱，即为实证。所以到了汉武帝时，吸取教训，绝
对不再容许诸子百家你方唱罢我登台的纷争局面。"罢黜百家，
独尊儒术"成为汉武帝统一全国思想的唯一指导思想，儒家思想
从此登上了统治整个封建时代政治、经济、社会以及文化意识形
态的最高舞台，树立了不可觊觎的统治地位，成为思想的标尺、
行动的指南。"作为特定时代的政治指导思想，它是汉武帝为适
应大一统的中央集权政治的需要，用以整合诸子百家各派学术思
想的工具，所以也可以说，'罢黜百家，独尊儒术'是汉武帝的
文化指导思想。②"

王逸者流和班固者流，明地里看争讼激烈，其或横眉冷对、
剑拔弩张，实质上，在汉朝的政治社会（当然包括学术界）大一
统的指导思想——"罢黜百家，独尊儒术"立定之后，"普天之
下莫非王臣"，谁又能跳的出且谁又能敢跳出这个框框呢？若有
人予以尝试，那只能是以卵击石，下场可知（司马迁的遭遇即可
为证）。何况作为皇帝御下文臣的王逸、班固之流呢？所以东汉
思想家王充就曾说："夫五经亦汉家之所立，儒生善政，大义皆
出其中。③"所以，"儒者著书，始严经名，不敢触犯，则尊圣教
而慎避嫌名。④"以儒家经学思想谋求认识之趋同，是当时的主流
思潮、主要政治倾向。因此，王逸、班固都是在自觉地遵循儒家

---

① 《汉书》卷五十六，《董仲舒传第二十六》，班固，中华书局，2007 年，第 570
页。
② 《四川师范大学学报（哲学社会科学版）》，熊良智，2000 年第 6 期。
③ 《论衡》，王充，中华书局，1954 年。
④ 《文史通义》，章学诚，中华书局，1985 年。

正统思想并以此为指导，阐发屈原精神内涵，其目的亦均为宣扬忠君思想，欲树君臣伦理之标准，只是角度不同罢了——王逸从正面看屈原，思谋把屈原扶正树为人臣之榜样；班固却从背面看屈原，思谋摒除屈原阴影而纠人臣之道。

有意味的是，王逸、班固对屈原不同的评判都是按照最高统治者皇帝的意旨进行的。永平十七年，汉明帝在召见班固、贾逵、傅毅等人时，阐述了对司马迁作《史记》的看法："司马迁著书，成一家之言，扬名后世。致以身陷刑之故，反微文刺讥，贬损当世，非谊士也。司马相如涝行无节，但有浮华之辞，不周于用。至于疾病而遗忠，主上求取其书，竟有颂述功德，言封禅事，忠臣效也。至是贤迁远矣。"这是皇帝面对着一位史学家对同一个朝代的另一位史学家的评价，是史学家撰史应当执行的钦定标准。无疑，班固对此是心领神会的，所以，他向汉明帝表态说："臣因常伏刻诵圣论，昭明好恶，不遗微细，缘事断谊，动有规矩，虽仲尼之因史见意，亦无以加。"附庸汉明帝的标准，班固对司马迁进行了评价：

又其是非颇缪于圣人，论大道则先黄老而后六经，序游侠则退处士而进奸雄，述货殖则崇势利而羞贱贫，此其所弊也。然自刘向、扬雄博极群书，皆称迁有良史之材，服其善序事理，辨而不华，质而不俚，其文直，其事核，不虚美，不隐恶，故谓之实录。乌呼！以迁之博物洽闻，而不能以知自全，既陷极刑，幽而发愤，书亦信矣。迹其所以自伤悼，《小雅》巷伯之伦。夫唯大雅'既明且哲，能保其身'，难矣哉①。

---

① 《汉书》卷二十六，《司马迁传第三十二》，班固，中华书局，2007 年，第 622 页

从班固对司马迁、屈原评判可以看出，"常伏刻诵圣论"也就是汉明帝确立的标准，是班固作史、议人的指导思想。不合儒教则缪于圣人，不合法度，其他则不论。儒教是班固思想行为的指导思想，明哲保身是班固的处世准则。因此，班固以儒家经义批判屈原精神内涵自在情理之中。

而王逸对屈原精神内涵的肯定性评价，也是秉承皇帝之意、儒家经义的：

"夫《离骚》之文，依托五经以立义焉。'帝高阳之苗裔'，则'厥初生民，时惟姜嫄'也。'纫秋兰以为佩'，则'将翱将翔，佩玉琼琚'也。'昔揽洲之宿莽'，则《易》'潜龙勿用'也。'驷玉虬而乘鹥'，则'时乘六龙以御天'也。'就重华而陈词'，则《尚书》《咎繇》之谋谟也。登昆仑而涉流沙，则《禹贡》之敷土也。故智弥盛者其言博，才益多者其识远。①"

王逸在这里实际上回答了他为什么要评判屈原的缘由——合经义。大帽子一戴上，王逸自然就可以大力发掘屈原的精神内涵了。王逸感觉自己给屈原戴了儒家的帽子，说服的力度还不够，于是他对之前给屈原所戴的儒家帽子进行了概括："至于孝武帝，恢廓道训，使淮南王安作《离骚经章句》，则大义粲然。后世雄俊，莫不瞻慕，舒肆妙虑，绘述其词。逮至刘向，典校经书，分为十六卷。孝章即位，深弘道艺，……"，屈原的儒家帽子，皇帝给戴过（这可是最高指导原则）！是以后世雄峻莫不跟风，言下之意自然而明。所以，王逸进一步说："今臣复以所识所知，稽之旧章，合之经传，作十六卷章句。"给屈原戴儒家帽子是符

———————————

① 《楚辞补注·王逸序》，洪兴祖，中华书局，1983年，第47-49页。

合儒家规范的。对此，熊良智有一个评价："汉代是辞赋创作的鼎盛时期，而独尊儒术的文化专制思想，要求'建言修辞'必须'宗经'，因而提倡'温柔敦厚，《诗》教也'，一切著述必须服从政治教化的需要，而《诗》教的传统是'依违讽谏，不指切事情'。汉人以屈原作品为赋，属于'古诗之流'，'有恻隐古诗之义'，强调文化上的同源，就是在价值上强调它们的同向，这在《诗》、骚、赋之间作同一的价值建构。①"

王逸之流和班固之流的争讼，就如两个人打架，争斗的热闹，表面看以为死敌；然定睛细观，原来二人用来遮挡的都是一个样子的盾牌，挥舞的都是一个样子的铁剑，所不同者剑术而已——王逸剑走中锋，班固剑走偏锋。斗来斗去，实际上是一个师傅教的两个徒弟，在一个立场上欲争高下罢了。自今而后 2000 余年的封建时代，对屈原精神的评判聚讼基本上按照这个模式进行的，所不同者，无论剑走中锋者还是剑走偏锋者，剑术都有新的发现、新的发展。

---

① 《〈离骚〉称"经"的文化考察》，熊良智，四川师范大学学报（哲学社会科学版），2000 年第 6 期。

第二章　魏晋至大唐时期的
屈原精神研究

魏晋南北朝乃至隋唐，对屈原精神层面的研究，相比较而言，总体水平没有超过两汉时期，但对屈原人格的独立、想象的奔放、感情的炽热、心灵的自由等有所发掘，具有鲜明的时代特色。

一、魏晋南北朝时期——一个标榜个性的时代

（一）时代背景。

魏晋南北朝是我国历史上的一个特殊时期，这一时期历时400余年，但却很难见到像两汉时期一家主政的长期稳定的局面，而是异性攻伐、战争频仍、政权更迭，一臣而仕数国是常见现象。儒家所谓忠君爱国的政治伦理体系，在这一时期被完全打碎，所忠之君朝立而夕废，所忠之国国号频立，可谓君无定君、国无常国。反抗者立杀勿论。曹氏杀孔融、祢衡之流，司马氏杀戮曹姓家族，等等不一而足，造成极端恐怖的气氛。"一旦社会的发展和环境处于下降状态，'国家社会个体'不仅不能向更高的'个人'形态发展，而且还会还原到低级的'自然个体'形态，往往表现出非毁礼法、放浪形骸、仕不事事、避世全身等

'退避反应'或'非个体化'的现象。①"时下之人，要么如浮萍
比附权贵，随时做见风使舵、随波逐流之人；要么如寒蝉噤声，
做隐士荒废于山间林下。

（二）对屈原精神研究的两个着力点。

在魏晋南北朝特殊的历史背景下，魏晋南北朝人对屈原精神
的研究自然有别于两汉对忠贞与否的争论，对屈原忠君爱国方面
的精神层面，态度较为淡漠，只是一般性地泛泛而论，很少进行
深入挖掘和大力张扬。但是，这一时期，对另外两个方面却着力
不少。

一是重视对屈原作品本身显现的个体性标树的文学价值的评
价。陆云在评价《离骚》一篇时说："昔屈原放逐而《离骚》之
辞兴。自今及古，文雅之士莫不以其情而玩其辞，而表意焉。②"
是说理解屈原作品要本着"诗缘情"的原则，必须依情品鉴方能
得悉屈子之心。刘勰则明确地把屈原作品的形成原因概括为
"情"，并认为屈赋因"情"而惊艳绝伦、难与匹敌。"故《骚
经》《九章》，朗丽以哀志；《九歌》《九辩》，绮靡以伤情；……
故能气往轹古，辞来切今，惊采绝艳，难与并能矣。③"汉代在品
评屈原作品时，注重从作品本身挖掘其中蕴含的忠义内涵，而魏
晋南北朝更重视屈原作品本身"情"的特征，注重屈原作品以情
感为中心的个性化表征，是故王戎说："圣人忘情，最下不及情，
情之所钟，正在我辈"④。罗宗强对此认为此时期的作家，已经
"从定儒学于一尊时的那个理性的心灵世界，走到一个以自我为

① 《魏晋以前个体'自我的演变'》，马小虎，中国人民大学出版社，2004年，第494页。

② 《全晋文》，严可均，商务印书馆，1999年。

③ 《文心雕龙今译》，周振甫，中华书局，1986年，第45页。

④ 《世说新语·伤逝第十七》，刘义庆，中华书局，1984年，第301页。

中心的感情世界中来了①"。

二是对屈原个性自由之精神的偏重。魏晋南北朝时期由于对屈原作品"情"的重视，对屈原精神层面的探讨就淡化了两汉时期忠贞与否的政治道德评价，更注重屈原个性自由、旷达奔放、才情流溢的名士精神。对屈原作品焕发出的自由精神的偏重成为这一时期屈原精神研究较为突出的特点。在人格层面上，班固曾严厉批评屈原露才扬己、狂狷急切。然而，屈原这种患情奔放、高自标举、怨愤急切的情感表现，却受到魏晋南北朝士人的推崇，这可能是班固没有想到的。西晋隐士夏统，雅善谈论，但却淡漠名利。同族人劝他出世做官，夏统勃然大怒，说："诸君待我乃至此乎！使统属太平之时，当与元凯评议出处，遇浊代，念与屈生同污共泥；若污隆之间，自当耦耕沮溺，岂有辱身曲意于郡府之间乎！"夏统以屈原为榜样，崇尚的是屈原处污泥而自清、居浊世而狂放任性的精神之自由方式。所以，夏统居人众之中高歌《小海唱》，其旁若无人、慷慨激昂之情状，使闻听者悚然动容，无不惊呼"谓子青、屈平立吾左右矣"！东晋"做人无长物"的王恭就曾经说："名士不必须奇才。但使常得无事，痛饮酒，熟读《离骚》，便可称名士。②"《魏书·卢玄传》也有类似记载，中山王熙见卢元明饮酒赋诗，性情洒脱，由衷赞曰："卢郎有如此风神，唯须诵《离骚》，饮美酒，自为佳器。"当时士人饮酒成风，饮酒成为名士必备。"三日不饮酒，觉形神不复相亲。③"饮酒最著名的当属"竹林七贤"。"七人常集于竹林之下，肆意酣畅，故世谓竹林七贤。"七贤之一的刘伶作《酒德颂》，尽数饮酒

① 《玄学与魏晋士人心态》，罗宗强，浙江人民出版社，1991年，第361页。
② 《世说新语·任诞第二十三》，刘义庆，中华书局，1984年，第372页。
③ 《世说新语·任诞第二十三》，刘义庆，中华书局，1984年，第372页。

之高妙："不觉寒暑之切肌，利欲之感情"、"无思无虑，其乐陶陶"乃至于"幕天席地，纵意所如"。在名士们看来，"痛饮酒"而"肆意酣畅"，可以使自己物我两忘、超然世外，达到自由驰骋、为所欲为的精神境界，至于家国、名利自皆不入此种精神之彀中。而离骚者，犹离忧也，忧、愁、怨、愤是《离骚》的主要内容。而魏晋名士们追求的却是肆意于酒糟、纵情逍遥，与离骚旨意相互矛盾，而王恭却把矛盾的双方放在一起，作为成为名士的必备条件其用意何在？魏晋南北朝的士人们之所以藉《离骚》而为名士，实际上追求的是与屈原精神相沟通的地方。"制芰荷以为衣兮，集芙蓉以为裳。不吾知其亦已兮，苟余情其信芳。高余冠之岌岌兮，长余佩之陆离。芳与泽其杂糅兮，唯昭质其犹未亏。忽反顾以游目兮，将往观乎四荒。佩缤纷其繁饰兮，芳菲菲其弥章。"屈原这种信芳自洁、高标独芳、卓然不群的精神正与时下名士孤芳自赏、鄙夷世俗、翩然世外的自我风度正相和合。"楚辞'蝉蜕浊秽之中，浮游尘埃之外'的风格，给魏晋人一种疏放不拘、清拔超逸的文化暗示，与当时士人所追求的人格理想正相契合。因此，'读《离骚》'与'饮美酒'一样，成为名士超逸疏放性格的象征。①""痛饮酒"与"熟读《离骚》"的矛盾在这里得到了合理解决，"衔杯漱醪，奋髯踑踞，枕曲藉糟"，"刘伶恒纵酒放达，或脱衣裸形在屋中，人见讥之。伶曰：'我以天地为栋宇，屋室为裈衣，诸君何为入我裈中？'②"在放浪形骸的同时，却口诵《离骚》，在这种看似荒诞的表象下，反映的却是魏晋南北朝士人秉持清节、塑造自我风度的人生原则，表现出对自由精神的强烈渴望与追求。

① 《论魏晋南北朝对楚辞的接受》，郭建勋，毛锦裙，《求索》，2006 年第 10 期。
② 《世说新语·任诞第二十三》，刘义庆，中华书局，1984 年，第 352 页。

（三）刘勰对屈原文学独立之个性的研究。

魏晋南北朝士人对屈原个性自由之精神的偏重，不仅表现在行为上的践行上，还表现在理论的提升上，这一点，刘勰做的最为突出。

刘勰（约465年—约521年），字彦和，南朝梁时期文学理论家、文学批评家，《文心雕龙》是其成名之作，与刘知几《史通》、章学诚《文史通义》，并称文史批评三大名著，成为后世文学评论的重要渊源。刘勰对屈原及其作品给予了崇高评价："气往轹古，辞来切今，惊采绝艳，难与并能矣。"自两汉至魏晋南北朝，刘勰第一个确立了屈原在我国文学史上文学之祖的崇高地位，藉文学之品评，刘勰对屈原在作品中焕发的独立之个性进行了有力表彰。刘勰在《文心雕龙·知音》篇中说："昔屈平有言：'文质疏内兮，众不知余之异采。'见异唯知音耳。"所谓"异"者，不同也，即个人的异于他人的特殊性。刘勰可贵之处不仅仅在于发掘了屈原作品的文学价值，更在于透过作品窥视了屈原精神的"异"即个性的张扬。这集中体现在《文心雕龙》的《辨骚》篇里。刘勰在品评《离骚》之前，首先点评了汉代名家对屈原的评论和观点：

自《风》《雅》寝声，莫或抽绪，奇文郁起，其《离骚》哉！固已轩翥诗人之后，奋飞辞家之前，岂去圣之未远，而楚人之多才乎！昔汉武爱《骚》，而淮南作《传》，以为："《国风》好色而不淫，《小雅》怨诽而不乱，若《离骚》者，可谓兼之。蝉蜕秽浊之中，浮游尘埃之外，皭然涅而不缁，虽与日月争光可也。"班固以为："露才扬己，忿怼沉江。羿浇二姚，与左氏不合；昆仑悬圃，非《经》义所载。然其文辞丽雅，为词赋之宗，虽非明哲，可谓妙才。"王逸以为："诗人提耳，屈原婉顺。《离

骚》之文，依《经》立义。驷虬乘鹥，则时乘六龙；昆仑流沙，则《禹贡》敷土。名儒辞赋，莫不拟其仪表，所谓'金相玉质，百世无匹'者也。"及汉宣嗟叹，以为"皆合经术"。扬雄讽味，亦言"体同诗雅"。四家举以方经，而孟坚谓不合传，褒贬任声，抑扬过实，可谓鉴而弗精，玩而未核者也①。

刘勰首先列举了刘安、班固、王逸、杨雄等人评价屈原的主要观点，指出刘安等人都拿《楚辞》经书相比较，不管与经义合与不合，都说明笔者在第一章的观点是正确的。只是刘勰认为刘安等人的称赞或指责都着眼于表面，常常不符合实际，那就是鉴别不精当，玩味而没有查考，从而引出他对屈原的独特见解。刘勰在该篇中把屈原的作品特点概括为"四同"和"四异"：

故其陈尧舜之耿介，称汤武之祗敬，典诰之体也；讥桀纣之猖披，伤羿浇之颠陨，规讽之旨也；虬龙以喻君子，云蜺以譬谗邪，比兴之义也；每一顾而掩涕，叹君门之九重，忠怨之辞也；观兹四事，同于《风》《雅》者也。

至于托云龙，说迂怪，丰隆求宓妃，鸩鸟媒娀女，诡异之辞也；康回倾地，夷羿彃日，木夫九首，土伯三目，谲怪之谈也；依彭咸之遗则，从子胥以自适，狷狭之志也；士女杂坐，乱而不分，指以为乐，娱酒不废，沉湎日夜，举以为欢，荒淫之意也：摘此四事，异乎经典者也。……固知《楚辞》者，体慢于三代，而风雅于战国，乃《雅》《颂》之博徒，而辞赋之英杰也。

观其骨髓所树，肌肤所附，虽取熔经意，亦自铸伟辞。故《离骚》《九章》朗丽以哀志；《九歌》《九辩》绮靡以伤情；《远

---

① 《文心雕龙今译》,周振甫,中华书局,1986年,第43、45页

游》《天问》，瓌诡而惠巧；《招魂》《招隐》，耀艳而深华；《卜居》标放言之致，《渔父》寄独往之才。故能气往轹古，辞来切今，惊采绝艳，难与并能矣。……赞曰：不有屈原，岂见《离骚》？惊才风逸，壮志烟高。山川无极，情理实劳。金相玉式，艳溢锱毫。①

刘勰所谓"四同"，即屈原作品合于经义，与"经"具有一致性。在此基础上，刘勰看到了屈原作品的"异"，看到了它的"异采"之处。在刘勰看来，屈原作品表现的"异采"之个性主要有两点：

一是屈原作品表现了时代的个性特征。刘勰在《时序》中说，"时运交移，质文代变"，"故知歌谣文理，与世推移，风动于上，而波震于下者也"，"故知文变染乎世情，兴废系乎时序"，这些论述说明刘勰认识到了文学作品对社会生活的能动的反应性，看到了文学作品的创作与时代风气的紧密关系。所以，他评价屈原楚辞说，"观其艳说，则笼罩《雅》《颂》，故知炜烨之奇意，出乎纵横之诡俗也。""固知《楚辞》者，体慢于三代，而风雅于战国。"认为屈原的作品是时代的产物，体现了屈原那个时代的个性特征。这是刘勰高于前代评论家的地方。

二是屈原作品表现了屈原作为创作个体所独有的个性。刘勰对屈原作品的评价非常高，称之为"辞赋之英杰"，奠定了屈原作品在中国文学史上文学之祖的崇高地位。这一地位既缘于"四同"，而更多的则缘于"四异"。"虽取熔经意，亦自铸伟辞。""四异"正是屈原"伟辞"遗响、衣披后人、非只一代的最主要原因。所谓"四异"就是屈原在作品中淋漓展现的他个人独有的

① 《文心雕龙今译》，周振甫，中华书局，1986 年，第 43、45 页。

个性表征。刘勰作《文心雕龙》凡五十篇，除《辨骚》专论楚辞之外，其他四十九篇中，有十九篇均涉及到屈原及楚辞，在这些篇章中，刘勰对屈原独标于世的个性人格的赞美在对屈骚的分析之中表现得非常明显。刘勰所谓"朗丽以哀志"、"绮靡以伤情"、"瑰诡而惠巧"、"耀艳而深华"、"标放言之致"、"寄独往之才"，正是"自铸伟辞"以展现"四异"的具体表现，更加突出强调了屈原彪炳千秋的骨鲠之节、焕然于世的创作特质。正因为此，刘勰在总结《辩骚》一文时才得出这样的结论："不有屈原，岂见《离骚》？惊才风逸，壮志烟高。"

综上所述，魏晋南北朝时期，对屈原精神层面的研究，没有过多地在以忠为核心的政治伦理上用力，但对屈原在作品中展现的独立之人格、炽热之情感、自由之心灵等特质进行了较有力地发掘，体现了文学自觉时代特有的时代特色。所以蒋方认为："无论两晋士人对屈原的阐释在多大程度上接近真实，他们对屈原狂放一面的肯定，不仅揭示了屈原复杂的情感内涵，而且将之融汇入标尚个性自由的名士风度，构成士人传统中相当重要的以个性、情感为重的那部分文化性格。①"

二、大唐时期——李杜的诗与远方

（一）屈原精神研究概略。

隋文帝统一全国后，结束了长期分裂和战乱的局面，但统治阶级荒淫无度、施政暴虐，不长时间，就被唐朝所取代，因此隋朝时期文无大观，对屈原精神层面上的研究基本上是空白。唐代

---

① 《名士与〈离骚〉——论两晋士人的屈原解读及其意义》，蒋方，《北方论丛》，1995 年第 1 期。

是中国历史上的强盛时期，政治、经济、文化非常繁荣，文学方面，尤其是唐诗把中国文学推向了最高峰，也正是唐人对律诗的热衷，从而对于辞赋特别是对楚辞进行了传承和创作。在汉代王逸的《楚辞章句》之后，唐代虽然没有出现过重要的《楚辞》注本，而且对待屈原精神层面的东西，基本上继承汉代忠贞、高洁的观点，在表现形式上，没有专门的论述，只是散见于个别的诗作以及其他著作之中，如魏征等撰《隋书·经籍志》说屈原之作"气质高丽，雅致清远，后之文人，咸不能逮①"，李白在《江上吟》认为"屈平词赋悬日月，楚王台榭空山丘"，杜甫《戏为六绝句》评价说"窃攀屈宋宜方驾，恐与齐梁作后尘"，韩愈在《送孟东野序》中说："大凡物不得其平则鸣。……楚，大国也，其亡也，以屈原鸣。②"等等，诸如此类的评价，基本上没有超出汉代对屈原精神层面的框定；但是，唐代文人对屈原精神的传承却以诗歌创作为主要的表现方式，使屈原精神以一种特殊的方式即诗性精神的继承得以流传。

（二）屈原诗性精神在唐代继承之简述。

屈原以其政治家的独特视角，通过诗的语言，不断地、反复探求个体人格的塑造以及在社会中应当担负的道义和追求，他用诗歌的形式为后人营造了一个真善美的高尚境界，他用无比惊人的炽烈激情和感天动地的精神力量诠释了一个站在历史风口的爱国志士的生命价值。屈原在其作品中体现的这种诗性精神，其泽被后世极为深远。"李杜文章在，光焰万丈长。"在唐代，继承并发挥屈原诗性精神的诗人，尤以李白、杜甫为显著。现以二人为代表略作说明。

---

① 《隋书》第 4 册，魏征，中华书局，1973 年，第 1056 页。
② 《全唐文》，董诰等，中华书局，第 5612—5613 页。

1. 李白对屈原诗性精神的继承。屈原是中国第一诗人，被尊誉为"中国诗歌之父"；李白则被称为"诗仙"，两个人在诗歌创作上都取得了辉煌的成就，但很明显，"诗仙"李白的成就很大的一部分则来源于对"中国诗歌之父"屈原的继承。诗、辞虽有别，却并不妨碍李白把屈骚精神融入他的作品之中。李白被誉为我国古代伟大的浪漫主义诗人，其所以有此称谓则是对屈原"蝉蜕秽浊之中，浮游尘埃之外"的浪漫主义精神的继承与发扬。

屈原是积极浪漫主义伟大诗人，其创作的以《离骚》为代表的楚辞，其浪漫主义特征，在内容上表现在对进步理想孜孜不倦的追求上，在艺术上表现在采用丰富的神话素材，通过自由的幻想，构成奇特的情节、境界，运用多样的比兴手法，来象征他与楚国黑暗势力的斗争是真、善、美与假、恶、丑的斗争。以屈原作品为主体的楚辞，实际也就是一部浪漫主义的诗情精神诗歌总集，自此之后，由屈原率先点燃的积极浪漫主义的诗性精神代代相传，并成为一种新的文学潮流。

李白之所以是继屈原之后我国最为杰出的浪漫主义诗人，其重要原因在于他在自我诗性精神的铸造上深受屈原影响。"屈平词赋悬日月"，学习屈原使李白作品达到了逸气顿挫、横波遗流的诗性境界。在李白所作诗歌中，涉及屈原及其作品的诗歌大约有十七篇之多，其对屈原精神的吸收和继承可见一斑。一是抒发了对屈原身世遭遇的愤懑和叹息。比如《悲歌行》句"悲来乎，悲来乎。……汉帝不忆李将军，楚王放却屈大夫"，《拟恨赋》句"昔者屈原既放，迁于湘流。心死旧楚，魂飞长楸。听江枫之袅袅，闻岭狖之啾啾。永埋骨于渌水，怨怀王之不收"，《单父东楼秋夜送族弟沈之秦》句"一朝复一朝，发白心不改。屈平憔悴滞江潭，亭伯流离放辽海"，《留别曹南群官之江南》句"范蠡脱句践，屈平去怀王。飘飘紫霞心，流浪忆江乡"，《赠别郑判官》句

"三年吟泽畔，憔悴几时回"，《流夜郎至西塞驿寄裴隐》句"鸟去天路长，人愁春光短。空将泽畔吟，寄尔江南管"，《古风》句"比干谏而死，屈平窜湘源"，等等诗句，都体现了李白对屈原不幸遭遇的深度同情，与此同时，更是借吟哦屈原之不幸以自叹自悲，抒发愤懑之情。二是表达了对屈原精神的推崇和穿越式的知己之情。诸如《古风》其一句"正声何微茫，哀怨起骚人"，《江上吟》句"屈平词赋悬日月，楚王台榭空山丘"，《夏日诸从弟登汝州龙兴阁序》句"屈宋长逝，无堪与言"，《同友人舟行》句"楚臣伤江枫，谢客拾海月。怀沙去潇湘，挂席泛溟渤。蹇予访前迹，独往造穷发。古人不可攀，去若浮云没"，作为同是怀才不遇之人的李白，藉此种种诗句，表达了他内心精神世界与屈原精神的高度契合，更表达了李白对屈原的感同身受、无限追思和仰慕，以及对其作品文学品味和价值的高度评价。

"清水出芙蓉，天然去雕饰"，这是李白对诗歌美学价值的追求，说明李白对诗歌创作更强调浑然天成，追求诗性的自然率真，这是浪漫主义精神的体现，与屈原诗性精神是一脉相承的。李白浪漫主义的表现之一是把神话、传说的题材以及把象征、比喻等手法融入其诗作来反映现实。如《梁甫吟》《登高丘而望远海》《蜀道难》等作品，以酣畅淋漓的笔墨，运用神话传说和夸张手法，纵横跌宕，变幻惝恍，营造了极其浪漫的色彩。李白浪漫主义的表现之二是像屈原那样，赋予一草一木以感情和生命。如"狂风吹我心，西挂咸阳树"，"我寄愁心与明月，随君直到夜郎西"，"花间一壶酒，独酌无相亲。举杯邀明月，对影成三人"，诗中的风花雪月都有了人的灵性，成为诗人能够寄托情感的知己。

李白号称"太白居士"，如果从他一生跌宕不羁的诗人生活来分析，该称号也有着追求心灵的恬淡、着意诗意的精神趣向的

含义在里面。李白的浪漫主义诗作充分体现了对自由之理想、独立之人格的追求，可以说李白是一个致力于心灵与诗性精神相统一的追求者。这与屈原不无相似。"举世皆浊而我独清，众人皆醉而我独醒"，屈原在其作品中展示了自己纯正高尚的理想人格。而李白也有着相同的理想人格追求，在他的作品中洋溢着对民生的关怀之情、对现实的不满之骚、对群小的痛斥之义、对不遇的感叹与无奈。"我本楚狂人，凤歌笑孔丘"，"高冠佩长剑，长揖韩荆州"，"仰天大笑出门去，我辈岂是蓬蒿人"，"世人不识东方朔，大隐金门是谪仙"，"人生在世不称意，明朝散发弄扁舟"，等等作品都表现了李白对人性本真的追求，对个体独立与平等的渴望，对权贵小人的睥睨，充分显现了李白与屈原人格精神的相通与相融。

2. 杜甫对屈原诗性精神的继承。屈原诗性精神感染至深的唐代诗人中，"诗圣"杜甫尤为明显。杜甫一生忧国忧民，他像屈子一样，以自觉而深沉的社会忧患意识，把自身的命运和国家、人民的命运融为一体，以凝重沥血的笔触，真实而深刻地反映了尖锐的社会矛盾和人民水火般的灾难，展现了一介匹夫悲天悯人、忧国忧民的博大情怀。杜甫可以说尽得屈原爱国忧民之精神，并对后世产生了积极的影响。

与李白相比较，杜甫对屈原诗性精神的继承，更注重现实主义精神。"文章千古事"，杜甫对诗歌的创作更强调国家、民生的切身利益，并用力不辍，体现了他积极向上的人本精神和积极入世的人生追求。"安得广厦千万间，大庇天下寒士俱欢颜，风雨不动安如山！呜呼，何时眼前突兀见此屋，吾庐独破受冻死亦足"，"国破山河在，城春草木深……"。此时此刻，杜甫的心中装着屈原庄严神圣的形象，视屈原为隔空知己，屈原忧国忧民的忧患精神在他血液里激荡，这在他的许多诗歌中有充分的表现。

如《送覃二判官》句"迟迟恋屈宋，渺渺卧荆衡"，《建都十二韵》句"永负汉庭哭，遥怜湘水魂"，《赠郑十八贲》句"羁离交屈宋，牢落值颜闵"，《祠南夕望》句"湖南清绝地，万古一长嗟"，《天末怀李白》句"应共冤魂语，投诗赠汨罗"，如此等等，说明杜甫对屈原人格、精神的崇高敬仰，体现了屈原诗性精神的深刻认识和体悟。很显然，从这些作品我们可以解读，屈原的诗性精神融进了杜甫的灵魂深处，屈原和他的楚辞给了杜甫烈烈肝胆和忠贞魂魄。因此，杜甫以其激扬之诗文，为国家、人民呕心沥血，体现着杜甫现实主义诗性精神的极力舒张。虽然杜甫自己生活穷困潦倒，但却时刻惦记着天下苍生、国家兴亡，站在我们面前的恍惚就是另一个屈原。《兵车行》《自京赴奉先县咏怀五百字》《哀江头》《北征》等等诗歌，都体现了杜甫对民生疾苦的深刻同情，对国家前途的焦虑，这是杜甫爱国爱民精神的体现。所以，无论是诗歌创作还是其中展现的深意，我们从中都不难发现屈原诗性精神的光辉。

杜甫对屈原诗性精神的继承与发扬，一方面源于他的自觉，另一方面则源于他的身世经历。杜甫一生所处的社会现状和他个人的处境，使他对现实有了清醒的认识，开始以诗歌直面惨淡的社会人生，形成了他以现实主义为基调的诗性精神。杜甫出生于一个官僚家庭，他的祖父杜审言是武周时的著名诗人，父亲杜闲曾任兖州司马、奉天县令，但到杜甫时，已家道中落。杜甫从小接受儒家的传统教育，少年时即成名，抱有科举入仕、"致君尧舜上，再使风俗淳"的政治理想。二十三岁应试落第，遂"放荡齐赵间，裘马颇清狂"。后，杜甫三十五岁赴长安应试，遭李林甫暗算而落第；四十岁时得唐玄宗赏识，待制集贤院，四十四岁任右卫率府兵曹参军。此间，杜甫仕途失意，生活窘迫，"买药都市，寄食友朋"，"朝扣富儿门，暮随肥马尘，残杯与冷炙，到

处潜悲辛"，生活潦倒辛酸。安史之乱爆发后，杜甫汇入难民之中，颠沛流离，最后病逝于湘水舟中，冥冥中与屈子之魂相契合了。期间，杜甫倍尝国破家亡之苦难，加上屡受贬斥的屈辱，使他与社会、人民的关系更加密切，忧国忧民的感情与日俱增，其诗歌的现实主义精神由此达到一个新的高度。杜甫生逢安史之乱前的全盛时期，又经历了唐朝衰落的开端，他饱经忧患的一生，与屈原颇为相似，自然而然的，他对屈原忧国忧民的诗性精神进行了自觉的传承，其诗作展现了"沉郁顿挫"的格调，充溢着忧国忧民强烈思想感情。

文学的发展需要历史的传承。楚辞是中国文学的发展源头，"衣被词人，非只一代"，对后世文学产生了深远的影响。屈原作为楚辞的创始人，有着清洁高尚的人格和令人仰慕的才情，是以自楚辞产生以来学屈习骚者代不乏人。李白、杜甫则是其中的佼佼者，以他们为代表，唐代诗人完成了与屈原在诗性精神上的交汇与契合，他们在自己的作品创作中热情地展现了屈原的忠贞节操、高尚人格，着力学习、发展着屈原超凡的诗性精神与卓越的艺术成就，构成了唐代对屈原精神独特的诠释方式。

第三章 两宋时期的屈原精神研究

汉代时期，适应"罢黜百家，独尊儒术"的需要，尤其是经过王逸对班固的系统批判，屈原忠贞精神得到发掘和标树。经魏晋至唐，到宋朝，特别是北宋晚期至南宋，民族矛盾尖锐、突出，成为当时的主要矛盾，有志之士无不以忧国、救国为己任。在这样的大背景下，呼唤屈原、发扬屈原精神成为时代的要求。两宋人在继承汉代发掘的屈原忠贞精神基础上，对屈原精神进行了深度研究，达到了一个较高层次，其中，洪兴祖忧国新论、朱熹的爱国之说最为突出，贡献最大。

一、洪兴祖对屈原精神研究的贡献——忧国新论伟然可立懦夫之气

（一）洪兴祖简介。

洪兴祖（1090—1155），字庆善，丹阳（今江苏镇江丹阳县）人。生于宋哲宗元祐五年，卒于高宗绍兴二十五年，享年66岁。历官秘书省正字、太常博士、驾部郎官等职。"出典州郡，兴学校，垦荒土，政绩斐然。"死后追赠敷文阁学士。洪兴祖非常勤奋，"好古博学，自少至老，未尝一日去书。"他的著作很多，其中以《楚辞补注》影响最大，是继汉代王逸《楚辞章句》之后，

自三国至宋代，楚辞研究史上的一部总结性论著。"于楚辞诸注之中，特为善本。①"

自汉至宋，楚辞流传1000余年间，由于战火、禁毁、刊误等等原因，楚辞在流行过程中错衍现象十分严重，"钞刊屡改，流失遂多②"。即便是去古未远的汉代王逸作《楚辞章句》时，准确的历史资料已很难详尽，故有些疑点难以定论。然而洪兴祖在王氏注本基础上，广征博搜，精心考辨，对王氏章句进行了较为完整的补注，取得了显著成绩，使楚辞研究前进了一大步。在补注过程中，洪兴祖继承了王逸关于屈原忠贞精神的观点，并进行了进一步挖掘，在忠贞的层面之上，提出了屈原的忧国新论。

（二）洪兴祖对屈原精神的诠释。

洪兴祖对屈原精神的表达主要反映在《楚辞补注》的《离骚后序》和章句注释之中，他说：

或问：古人有言：杀其身有益于君则为之。屈原虽死，何益于怀、襄？曰：忠臣之用心，自尽其爱君之诚耳。死生、毁誉，所不顾也。故比干以谏见戮，屈原以放自沈。比干，纣诸父也。屈原，楚同姓也。为人臣者，三谏不从则去之。同姓无可去之义，有死而已。《离骚》曰：陆余身而危死兮，览余初其犹未悔。则原之自处审矣。或曰：原用智于无道之邦，亏明哲保身之义，可乎？曰：愚如武子，全身远害可也。有官守言责，斯用智矣。山甫明哲，固保身之道。然不曰夙夜匪解，以事一人乎！士见危致命，况同姓，兼恩与义，而可以不死乎！且比干之死，微子之去，皆是也。屈原其不可去乎？有比干以任责，微子去之可也。

---

① 《四库全书总目》下册，中华书局，1965年，第1268页。
② 《淮南鸿烈集解自序》，刘文典撰，冯逸、乔华点校，中华书局，1989年。

楚无人焉，原去则国从而亡。故虽身被放逐，犹徘徊而不忍去。生不得力争而强谏，死犹冀其感发而改行，使百世之下，闻其风者，虽流放废斥，犹知爱其君，眷眷而不忘，臣子之义尽矣。非死为难，处死为难。屈原虽死，犹不死也。后之读其文，知其人，如贾生者亦鲜矣。然为赋以吊之，不过哀其不遇而已。余观自古忠臣义士，慨然发愤，不顾其死，特立独行，自信而不回者，其英烈之气，岂与身俱亡哉！……仲尼曰：乐天知命，故不忧。又曰：乐天知命，有忧之大者。屈原之忧，忧国也；其乐，乐天也。《离骚》二十五篇，多忧世之语……太史公作传，以为其文约，其辞微，其志洁，其行廉，其称文小而其指极大，举类迩而见义远。其志洁，故其称物芳。其行廉，故死而不容自疏。濯淖污泥之中，以浮游尘埃之外，推此志也，虽与日月争光可也。斯可谓深知己者①。

仔细斟酌这篇序文以及《补注》章句训释，我们可以概括出洪兴祖对屈原精神的阐释有三个层面：

1. **忠君精神**。洪兴祖认为，屈原忠于君的精神体现在四个方面：一是忠君以自觉。屈原忠于楚王完全出于一片至诚之心，忠自心出。所谓"忠臣之用心，自尽其爱君之诚耳。"正因为忠君源于自觉，屈原历经磨难而不改其衷，所以才会"阽余身而危死兮，览余初其犹未悔"。死而无悔，其忠君之心何其自觉！何其至诚！二是忠君以尽责。屈原之所以对楚王不离不弃，以至于自沉湘水，是因为"屈原，楚同姓也。为人臣者，三谏不从则去之。同姓无可去之义，有死而已。"因此，屈原"虽流放废斥，犹知爱其君，眷眷而不忘，臣子之义尽矣。"在这里，洪兴祖实

---

① 《楚辞补注·离骚经第一》，洪兴祖，中华书局，1983年，第50、51页。

际上是回答了前人对屈原为何不远游他国或隐身求自保的疑问和责难，"同姓无可去之义"！这就是答案。三是忠君以成仁。自古以来，对屈原沉湘的做法，或扼腕叹息，或发疑诘难，评价不一而足。洪兴祖对屈原的死给出了自己的理解："杀其身有益于君则为之"。认为屈原是杀身成仁以忠君。四是忠君而不死。洪兴祖认为屈原之忠君精神堪为百代楷模。"使百世之下，闻其风者，虽流放废斥，犹知爱其君，眷眷而不忘……"

2. **忧国精神**。洪兴祖在阐发屈原忠君精神的同时，发现了屈原的忧国精神。"楚无人焉，原去则国从而亡。故虽身被放逐，犹徘徊而不忍去。"所以不忍去者，担忧国家存亡，忧心忡忡。"非死为难，处死为难。"死有轻于鸿毛，有重于泰山，死并不是一件很难的事情，而怎样死得有价值才是最难的。对屈原来说，即便是死也要有益于国家，"生不得力争而强谏，死犹冀其感发而改行"，这就是死谏！死亦忧国也！"《离骚》二十五篇，多忧世之语。"在《离骚》"苟余情其信姱以练要兮，长顑颔亦何伤"二句下，洪补曰："当是时，国削而君辱，原独得不忧乎？""惟天地之无穷兮，哀人生之长勤"句下，洪氏认为："此原优世之词。①"在深刻分析的基础上，洪兴祖得出结论："屈原之忧，忧国也"，指出忧国乃屈原之忧的本质。

3. 洪兴祖看到了屈原忠君精神激励后人的价值所在。"屈原虽死，犹不死也"，"其英烈之气，岂与身俱亡哉"，屈原虽死，志洁行廉，精神长存，衣被后人，非只一代，屈原忠君精神是后世忠君者的精神源泉和动力。至于屈原人格，洪兴祖赞同司马迁的看法，"濯淖污泥之中，以浮游尘埃之外，推此志也，虽与日月争光可也。斯可谓深知己者"，因此没有更多的阐发。

---

① 《楚辞补注·离骚经第一》，洪兴祖，中华书局，1983 年，第 163 页。

比较洪兴祖与王逸对屈原精神的分析，洪兴祖明显地继承了王逸的忠贞精神之说，并进行了更深入的剖析，丰富了屈原忠贞精神的内涵。在此基础上，洪兴祖把屈原之忧从个人层面上升到国家层面来观照，突破了纠于屈原个人命运沉浮的窠臼，置屈原个体于国家整体命运之中，看到了屈原"忧"的本质，凸显了屈原的忧国精神，这是对王逸的发展，也是高于王逸的地方。

（三）洪兴祖研究屈原精神的背景。

洪兴祖潜心发掘屈原精神并有所新建，与他所处的时代背景和自身的遭遇有着密切的关系。洪兴祖生活于两宋交会之际，亲身经历了徽钦二帝被掳、北宋灭亡而南渡颠沛的艰辛。期间，洪兴祖做过几任地方官，颇有政绩，且应诏论政直击朝廷纪纲之失，为秦桧以及同朝怨属嫉恨。绍兴二十四年（1154 年），洪兴祖为已故龙图阁学士程瑀《论语解》撰序，不意序言多涉怨望，引起满朝非议。秦桧趁此机会，陷害洪兴祖，洪兴祖最终编管昭州（广西平乐县）。家国之恨、亡国之辱、奸臣之害，无一不使洪兴祖对屈原的精神有着深刻的理解和领悟。所以，他在《楚辞补注》中，对屈原忠贞精神和忧国情怀大力标举和热情褒扬。对此，朱熹深得洪氏之心，他在《楚辞辨证》中给予了高度的评价：

> 洪氏曰："偭规矩而改错者，反常而妄作。背绳墨以追曲者，枉道以从时。"论扬雄作《反离骚》言"恐重华之不累与"，而曰"余恐重华与沉江而死，不与投阁而生也。"又释《怀沙》曰："知死之不可让，则舍生而取义可也；所恶有甚于死者，岂复爱七尺之躯哉！"其言伟然可立懦夫之气！

朱熹一语中的，深刻揭示了洪兴祖深研楚辞、颂扬屈原精神的社会及其自身遭遇的原因，"伟然可立懦夫之气"，这样的评价实则是高度赞扬了洪兴祖忧国新论的历史价值。

二、朱熹对屈原精神研究的贡献——爱国之说以一言而定千载之论

（一）朱熹简介。

朱熹（1130—1200），字元晦，号晦庵，又号称晦翁，祖籍徽州婺源（今属江西），出生于南剑州尤溪（今福建尤溪县），宋代理学的集大成者，诗人、哲学家。宋高宗绍兴十八年（1148）中进士，历任泉州同安县主簿，知漳州、知潭州、焕章阁待制兼侍讲等职。平生不喜为官，致于理学，著书立说。"熹登第五十年，仕于外者仅九考，立朝才四十日。"一生主要的时间（约四十年）用于学术研究。晚年卷入当时进行的政治斗争，被夺职罢祠，其学被定为"伪学"，其人也被定为"伪学首魁"，直到去世之后，"学禁稍弛"，朱熹的地位开始日渐上升，最终"淳祐元年正月，上视学，手诏以周、张、二程及熹从祀孔子庙"。

朱熹学识渊博，治学严谨，"其为学，大抵穷理以致其知，反躬以践其实，而以居敬为主。尝谓圣贤道统之传散在方册，圣经之旨不明，而道统之传始晦。于是竭其精力，以研究圣贤之经训。"朱熹一生著述极丰，对经学、史学、文学、乐律乃至自然科学都有研究。"平生为文凡一百卷，生徒问答凡八十卷，别录十卷。"其中包括用力甚勤的《楚辞集注》和《楚辞辨证》。朱熹是先秦以来儒家系统中的著名代表人物之一，也是我国后期封建社会在文化思想领域中影响较大的一位思想家。"黄干曰：'道之正统待人而后传，自周以来，任传道之责者不过数人，而能使斯道章章较著者，一二人而止耳。由孔子而后，曾子、子思继其

微，至孟子而始著。由孟子而后，周、程、张子继其绝，至熹而始著。'识者以为知言。①"

（二）朱熹对屈原精神的研究。

洪兴祖去世（1155 年）之时，朱熹 25 岁（1130 年生人），二人同处于内忧外患的时代，对君辱国恨均感同身受。因此，在对屈原精神认识上，朱洪二人可谓意气相投、息息相通。朱熹对洪兴祖的忧国之论甚为赞同，说洪兴祖之论"其言伟然可立懦夫之气"，同时，朱熹善于"穷理以致其知"，见微知著，首次明确提出了屈原爱国之论，揭示了屈原忧国的本质，极大丰富了屈原精神的内涵，把两汉以来的屈原精神研究推向了高峰。

1. 爱国新论的提出。朱熹在《楚辞集注·序》说：

盖自屈原赋《离骚》而南国宗之，名章继作，通号《楚辞》，大抵皆祖原意，而《离骚》深远矣。窃尝论之，原之为人，其志行虽或过于中庸而不可以为法，然皆出于忠君爱国之诚心。原之为书，其辞旨虽或流于跌宕怪神、怨怼激发而不可以为训，然皆生于缱绻恻怛、不能自已之至意。……此予之所以每有味于其言，而不敢直以"词人之赋"视之也②。

朱熹评价屈原，并不遮遮掩掩，晦暗不明，而是开门见山，提出了屈原具有"忠君爱国之诚心"。对屈原精神予以肯定性评价者，自王逸以来，主要观点是屈原的忠贞精神。距离朱熹最近的洪兴祖，提出屈原忧国之论，已触及屈原爱国精神实质，但是在秦桧等投降派把持朝政的形势下，洪兴祖忧国之论虽有所指，

---

① 《宋史》卷四百二十九，《列传第一百八十八》，中华书局，1985 年。

② 《楚辞集注·序》，朱熹，书韵楼业刊，上海古籍出版社，2003 年，第 1、2 页。

但并不敢直抒胸臆，未免有晦昧之嫌。因此，朱熹是自汉以降，明确提出屈原具有爱国精神的第一人。朱熹把屈原精神上升到爱国的高度，彰显了屈原忠的实质非盲目崇君的愚忠，而是以国家为重的大忠。至此，屈原精神从朱熹这里在一个新的高度上得到了升华。这是朱熹眼界超然于前人的地方，从此开始，屈原精神打上了爱国的烙印。

2. 爱国新论提出的方法。如果分析上面《楚辞集注序》的引文，"原之为人，其志行虽或过于中庸而不可以为法，然皆出于忠君爱国之诚心。原之为书，其辞旨虽或流于跌宕怪神、怨怼激发而不可以为训，然皆生于缱绻恻怛、不能自已之至意。"对于这两句话，朱熹之后有许多研究者认为，朱熹虽然肯定了屈原具有"爱国之诚心"，但也同时明确反对屈原志行不合中庸之道，行文荒诞怨愤。如果我们综合考虑、细加斟酌，就会发现，朱熹在《楚辞集注序》开篇即作如此语，实质上是为肯定屈原而采取的欲扬先抑的手法。这可以从两个方面来分析：

一方面，朱熹首先确立了一条评价屈原的新标准。屈原不能明哲保身、言行不合中庸之道一直是批判屈原者的主要武器，而明哲保身、中庸之道恰恰是士大夫奉为圭臬的儒家思想的重要处世原则。因此，作为儒家阵营里的一员，要想在这一点上进行批驳、欲有所突破，并非易事。正因为此，自汉以来，对屈原肯定与否定的争论一直喋喋不休。朱熹自然深谙个中滋味，但是他的聪明之处在于没有纠缠于是与非的争论之中，而是另辟蹊径，从儒家经典中寻找了一条评价屈原精神的新标准，这就是因过归类、观过知人的标准。他在《楚辞集注》中说：

故君子之于人也，取其大节之纯全，而略其细行之不能无弊。则虽三人同行，犹必有可师者。况如屈子，乃千载而一人哉！孔子曰：'人之过也，各于其党。观过，斯知仁矣。'此观人之法也。夫屈原之忠，忠而过者也。屈原之过，过于忠者也。故论原者，论其大节，则其它可以一切置之而不问。论其细行，而必合乎圣贤之矩度，则吾固已言其不能皆合于中庸矣，尚何说哉①！

朱熹这段话有三层意思：一是在《论语·里仁》里，孔子所说的"人之过也，各于其党。观过，斯知仁矣"，就是因过归类、观过知人的意思，这是评价人的标准。二是按照圣人因过归类、观过知人的标准来考察，"夫屈原之忠，忠而过者也。屈原之过，过于忠者也。"屈原其过只是过于忠贞，因此，屈原属于忠臣之列，非怨怼狂狷之辈。"事实上在封建社会，君也是国的象征，爱君与爱国区别不大，而屈原的爱国精神是毋庸置疑的。②"三是屈原大节不亏，是仁义之士，至于一言一行之细微之处，"可以一切置之而不问"。"人非圣贤，孰能无过"？言下之意，不看人之大节，而纠缠于细枝末节，实在没有必要，所以朱熹说："尚何说哉！"

在这里，朱熹用孔子的因过归类、观过知人的标准代替了明哲保身、中庸之道的标准，"明修栈道，暗度陈仓"，树立了评价屈原的新的标准，为他的屈原爱国之说寻找了理论依据。

另一方面，朱熹还在《楚辞集注》中点明了爱国之论是其屈原研究的着力点：

至其大义，则又皆未尝沈潜反复，嗟叹咏歌，以寻其文词指意之所出，而遽欲取喻立说，旁引曲证，以强附于其事之已然，

---

① 《楚辞集注·序》朱熹，书韵楼业刊，上海古籍出版社，2003 年。

② 《朱熹文学思想述论》，李士金，中国文联出版社，2000 年，第 149－159 页。

是以或以迂滞而远于性情，或以迫切而害于义理，使原之所为壹郁而不得申于当年者，又晦昧而不见白于后世①。

先前研究者，无论肯定与否，或谓屈原忠贞，或谓屈原高洁，或谓狂狷、怨愤，已反复论证，如此而已，若有"晦昧而不见白于后世"者，当为谁何？前人仅围绕君臣之义评议屈原，洪兴祖忧国之说尚存晦昧，"爱国"实乃屈原志行首重之事，此正"晦昧而不见白于后世"者也！因此，朱熹告诉世人，他的主要任务就是要变"晦昧"为"昭然"。因此，朱熹在《楚辞集注·序》中说：

予于是益有感焉，疾病呻吟之暇，聊据旧编、粗加隐括，定为《集注》八卷。庶几读者得以见古人于千载之上，而死者可作，又足以知千载之下有知者，而不恨于来者之不闻也。呜呼悕矣，是岂易与俗人言哉！

3. 爱国新论的反正求证。

朱熹的功夫不仅仅在于提出了屈原的爱国之论，而且反复阐明，以求之以昭著。"楚俗祠祭之歌，今不可得而闻矣。然计其间，或以阴巫下阳神，或以阳主接阴鬼，则其辞之亵慢淫荒，当有不可道者。故屈原因而文之，以寄吾区区忠君爱国之意，……"，"《九歌》者，屈原之所作也。……以寄吾忠君爱国眷恋不忘之意。"，"《九章》者，屈原之所作也。屈原既放，思君念国，随事感触，辄形于声②"。在反复申明屈原爱国之论的同时，

---

① 《楚辞集注·序》朱熹，书韵楼业刊，上海古籍出版社，2003 年，第 2 页。
② 《楚辞集注》卷二，《九歌第二》朱熹，书韵楼业刊，上海古籍出版社，2003年，第 1 页。

朱熹还着力从内心感受上感知屈原的爱国情怀。所谓"缱绻恻怛、不能自已",是说屈原爱国之情缘于心出,是情不自禁的自觉行为;所谓"盖屈子者,穷而呼天,疾痛而呼父母之词也",则描摹了屈原报国无门而五内俱焚的疾痛之情状。"长楸,所谓故国之乔木,使人顾望徘徊,不忍去也。……回望而不见都门,则其悲愈甚矣①","言己心烦乱,无复经纪,欲进则无所从,欲退则无所止也"②,则注意到屈原欲死难舍、欲生无地的对祖国难舍难分的眷顾之情。如此等等,朱熹颂扬屈原爱国情操,可谓不遗余力。

朱熹从正面阐发屈原爱国幽情尚觉力度不足,又以杨雄为标的,用反面教材来渲染屈原高大的爱国形象。在《楚辞后语·序》中,朱熹说:

> 至于杨雄,则未有议其罪者,而余独以为是其失节,亦蔡琰之俦耳。然琰犹知愧而自讼,若雄则反讪前哲以自文,宜又不得与琰比矣。今皆取之,岂不以夫琰之母子无绝道,而于雄则欲因《反骚》而著《苏氏》《洪氏》之贬词,以明天下之戒也。

杨雄是西汉著名文学家,是继司马相如之后,西汉最著名辞赋家,汉成帝时曾任给事黄门郎。王莽篡汉自立后,杨雄作《剧秦美新》,美化王莽新朝,对王莽则歌功颂德。正因为此,朱熹认为杨雄失节,罪不可恕,却要作《反离骚》"反讪前哲以自文",是对誓死不弃祖国的屈原的侮辱,实在不配。所以,朱熹

---

① 《楚辞集注》卷四,《九章第四哀郢》朱熹,书韵楼业刊,上海古籍出版社,2003年,第5页。

② 《楚辞集注》卷四,《九章第四悲回风》朱熹,书韵楼业刊,上海古籍出版社,2003年,第16页。

又在《楚辞辨证》中，对杨雄进行了更加直接的口诛笔伐："若杨雄尤刻意于楚学者，然其《反骚》，实乃屈子之罪人也，洪氏讥之，当矣。录既不之取，今亦不欲特收，姑别定为一篇，使居八卷之外，而并著洪说于其后。"朱熹于此直接把杨雄定位屈原的"罪人"，肯定了洪兴祖对杨雄的"余恐重华与沉江而死，不与投阁而生也"的讽刺性评价；更甚者，朱熹把杨雄《反离骚》辑录在他的《集注》八卷之后，作为反面教材，以供后人以杨雄之失节为鉴照，而更加以屈原为人臣爱国之榜样。而后，朱熹与洪兴祖同声共气，对杨雄进行了更辛辣地讥讽："雄乃专为偷生苟免之计，既与原异趣矣……"褒贬倾向分明，显示了朱熹对杨雄苟且偷安的蔑视，对屈原高洁气节、爱国情操的颂扬。

（三）朱熹爱国新论提出的原因。

朱熹如此高扬爱国旗帜，对屈原"爱国之诚心"大加赞颂，可谓不遗余力，究其原因，与洪兴祖一样，是与朱熹所处的环境密切相关的。朱熹一生生活在南宋，曾经强大的宋国，而今却要臣侍金国，自然就成为包括朱熹在内的忠义之人的耻辱。朱熹虽是文人，却坚持抗金复国主张，与皇帝应对，直言抗战："君父之仇不与共戴天。今日所当为者，非战无以复仇，非守无以制胜。"同时，朱熹亦经常上书直言时弊，不避嫌疑，自然就会受到以皇帝为首的投降派的敌视，"熹以前后奏请多所见抑，……不胜忧愤，……"因此，"熹登第五十年，仕于外者仅九考，立朝才四十日。"朱熹仕途阻遏不畅，难有作为，只好安贫乐道，埋头著书。但是，即便这样，反对派亦不放过他，宁宗庆元年间发生了庆元党禁，朱熹理学被诬为伪学遭到了禁锢，"二年，沈继祖为监察御史，诬熹十罪，诏落职罢祠，门人蔡元定亦送道州编管。"朱熹被落职罢祠，弟子蔡元定编管道州，次年而卒。朱熹由此受到了严酷打击。一心抗战、尽才报国的朱熹，自然就能深刻领会屈原报国无门的痛苦和以死明节的高尚情操，因此，将注释楚辞作为自己的精神寄托，首次提出并反复嗟咏屈原的爱国精神，自然是水到渠成的事情。虽然朱熹有拔高之嫌，但是，正是因为朱熹从忠贞层面下发掘了屈原的"爱国之诚心"，屈原精神才真正达到了"可与日月争辉"的高度，成为后世特别是民族危难之际人们崇尚、学习的榜样。于此，朱熹居功至伟。

第四章　明清时期的屈原精神研究

一、明朝时期——屈原死志新解

（一）概述。

楚辞研究在明代，是楚辞学史的又一个发展阶段，其研究专著就数量而言不亚于清代，在思想专论评点上出现了新气象，表现为反传统、世俗化的特点，对楚辞研究中长期遵循的经学准则，在一定程度上突破了汉、宋设定的框框，不同意把楚辞篇目都作为讽谏君王的政教工具，肯定楚辞作为文学作品的自身价值和特征，宣扬其个体的生命价值和情趣的表现，展现了明代鲜明的市民文化思潮特征，这是其进步的地方。但就治楚辞学来说，明人通释大义之作颇多，但常常陷于空疏，即使一些较有价值的注本，亦不免于此，因此明代卓有成就者并不多，汪瑗是其中的佼佼者，著有楚辞专注《楚辞集解》。

（二）汪瑗对屈原死志的新解。

《楚辞集解》是明代《楚辞》研究中质量最高、最有特色的注本。汪瑗治楚辞视野较为开阔，在全面分析屈原思想的基础上，敢于驳正旧说，提出许多新颖、独到的见解和观点，比如他否定了"《九章》俱作于放逐江南时"的旧说，并对《九章》各篇的具体创作背景、写作时代诸问题进行详细考辨，发明新意，推动了《九章》研究的纵深发展。

在屈原精神层面上，汪瑗的研究成果很重要的一点体现在对屈原死志的阐释上。

明代楚辞研究的一个方面是兴起了屈原是否"自投汨罗以死"的争论，汪瑗就是主要代表。他认为，贾谊、司马迁、刘向等汉代人关于屈原"自投汨罗以死"的说法，是得之于传闻，而且没有楚国文献可证，缺乏考据，不足为信。他说："非楚有文献足证，信以传信之言也。"又说："但圣贤之去国，非欺君卖国所可同，盖以为道在吾，不可自我而绝也。圣贤固不苟生，亦不苟死也。如此，孰谓屈子未尝去楚乎？孰谓屈子果投江而死乎？虽然屈子之去楚者，亦去楚廷，离党人，而隐于山林中，又未尝去楚而事他邦也。"汪瑗否定屈原"自投汨罗以死"的理由，有三个方面：第一，屈原所谓"愿依彭咸之遗则"、"将从彭咸之所居"等言辞不能视为"自投汨罗以死"的证据。汪瑗认为彭咸就是彭祖，"乃古之有德有寿之隐君子也"，并非投水而死，而是隐居山林。第二，屈原无投水之实。汪瑗分析认为屈原作品中虽有投水而死的说法，但这种说法也可能是假设，也可能是反话，因此"徐而察之，实未尝真有自沉之意也"。汪瑗这种说法在文学作品中倒也常见。第三，屈原投水而死与屈原志向追求相违背。汪瑗认为屈原："临渊自沉，身没名绝，是苟死也，孰谓屈子为之哉？"并进一步说："苟生固屈子所不为，而苟死尤屈子之所不为也。故曰死有轻于鸿毛，亦有重于泰山。屈子审之久矣。一遭放逐，而遂沉流，何以为屈子。"汪瑗称赞屈原"盖楚山川奇，草木奇，故原人奇，志奇又文奇"，"屈子之心炳若丹青，昭若日月"。汪瑗认为屈原是一个远大志向的奇男子，遭逢时艰，当以济世救民为己任，是以既不会苟活于世而碌碌无为，更不会意志消沉、绝望而死。有鉴于此，汪瑗认为屈原若投水而死毫无价

值，因此他说屈原是不会投水而死的。

不苟生亦尤不苟死，汪瑗对屈原死志的阐释迥异于前人，从另一个侧面展现了屈原精神内涵，很有创建，令人耳目一新。但是也正是因为这一点，汪瑗的《楚辞集解》受到了后人的尖锐批判，其中尤以《四库全书总目提要》为著，该书认为："以臆测之见，务为新说，以排诋诸家"，"疑所不当疑，信所不当信"。鉴于此，汪瑗的《楚辞集解》自乾隆以后一度沉寂，至近代经游国恩、金开诚、崔富章等学者的研究，才终于恢复了其应有的地位。

二、清朝时期——民族大义的主旋律

（一）历史背景及研究状况概略。

自明末清初起始，战争频仍，汉人所谓鞑虏占华时代开始。1636 年，清太宗皇太极称帝，建国号大清，1644 年，统治中原的明朝被李自成所灭，原明朝将领吴三桂引清兵入关，打败李自成的大顺军，随后多尔衮迎顺治帝入关，迁都北京，清朝从此取代明朝成为整个中国的实质统治者。1662 年永历帝朱由榔被俘杀，清军基本控制中国大陆，中国历史进入了第二个由少数民族统治九州的时期，一直到清末。期间，历经几近 300 年的漫长岁月里，汉人驱除鞑虏、恢复中华之心从未泯灭，而清廷严防汉人、禁锢汉人的方略亦针锋相对，施为毫不留情，如强行剃发易服，大兴文字狱，以此来抑止汉人的民族精神，以维护满族的统治地位。在这样的高压政策下，汉人虽未陷路人以目之境，但言谈举止尤其是落笔成字则需小心翼翼，唯恐触犯禁忌，陷身牢狱，甚至人头落地。在这样萧杀的氛围里，汉人知识分子无法畅心快意地发表言论，但是有言在心如骨鲠在喉，怎么办？大多数就只好钻进故纸堆里，借考究古书而隐喻其义了。其中屈骚研究蔚为大观，从章句训诂、发明意旨到臆说纷呈、言人人殊，一时间，呈现诸家争鸣、一派热闹的局面，而成果卓著、堪为标杆的人却少而又少，整个满清，能为代表者不过王夫之（著有《楚辞通释》）、蒋骥（著有《山带阁注楚辞》）、戴震（著有《屈原赋注》）三人而已。

在楚辞研究上，王夫之、蒋骥、戴震角度不同，各有千秋。王夫之重在从亡国、民族之恨的角度着力精神层面的挖掘、阐发，"时地相疑，孤心尚相仿佛"，是借他人之酒浇己之块垒。蒋骥从"知人论世"的角度出发，重在训诂考订，着力屈原生平事迹考辨，于探讨屈辞意旨中描摹自己心中的圣贤典范。而戴震由音韵训诂入手探索屈骚义理，批判朱熹理学歪曲屈骚之义，"朱、戴哲学的对峙焦点在于对'理'字的诠释，反映在《楚辞》注释文中颇为显著。①"因此，戴震更多的是从哲学层面诠释屈骚，而精神层面的研究则不十分明显。有鉴于此，拙书将着重分析王夫之对屈原精神的探索，蒋骥、戴震遑论。

（二）王夫之身世经历。

与前人相比较，王夫之的屈原精神研究挖掘了一个新的、更深度的层面，把屈原精神研究推向了一个新的高度，这与王夫之本人的身世经历有着直接的关系。时势造英雄。明末清初这一特殊的历史阶段造就了一批以天下兴亡为道义的前明民族志士。他们大多心怀故国，排斥入侵之异族，对故国沦亡之过程亲历亲证，对民族危亡之恨感同身受，因此，于明亡后，大都采取隐居方式以抗争清廷，拒不出仕。然而，亡国之痛、异族之恨宛如唇含苦胆，蛰居愈深，品味愈苦，品味愈苦，五内愈焚，心语必有所泄泻，精神必有所寄托。于是，他们从旧纸堆里找到屈原的时

---

① 《〈屈原赋注〉唯物主义思想》，徐道彬，《云梦学刊》，2006年第6期。

候，发现在精神上他们正与屈原相通契合，由此，吟哦诠释屈骚而隐喻怀抱之志成为他们戮力践行的重要任务，作为明末清初三大思想家之一的王夫之，便是其中的佼佼者。

王夫之（1619—1692），湖南衡阳人，晚年隐居于石船山（今衡阳县曲兰乡湘西村），世称"船山先生"，出身知识分子家庭，幼时即从名师学习，少时即以才名闻于乡里，致使清朝政府、藩王吴三桂、农民义军张献忠均欲网络于麾下，王夫之坚拒未从。清兵入关并迅速南下，王夫之在民族危亡之际，思挽狂澜于既倒，投袂奋起，在衡山组织义兵奋起抗清，无奈兵力不济，惨败。后辗转往附南明政权，任"行人司行人"之职。当时，清军攻伐迅疾，形势危如累卵，然而南明朝廷之内，党派之争却臻于白炽，所谓"吴党"、"楚党"斗争激烈，生死相搏。内阁王化澄与太监夏国祥暗结"吴党"，将所谓"楚党"之金堡、丁时魁、刘湘客、袁彭年、蒙正发等系于囹圄，严刑拷打。王夫之虽不属于任何党派集团，但出于义愤，上书弹劾以王化澄为代表的"吴党"，惹怒王化澄，进逸于桂王，桂王亦加斥责，令其休假，实则撤职。王夫之在内忧外患之下，知势无可力挽，怀悲怆幽愤之情，隐退荒野，潜心著述，遂成"空绝千古"的卓越思想家。

隐居而潜心学术的王夫之，观其一生绝大部分时间，并未涉猎屈骚。"日月忽其不淹兮，春与秋其代序。"戮力抗清（主要的还是在精神上）的王夫之，渐渐走进了人生的黄昏。此时此刻，抗清的武装力量已被荡平，清王朝已一统天下，王夫之也由一个青壮年变成了垂暮老人，可谓空有杀敌志却无回天术了。而于此时，王夫之却开始着手著书《楚辞通释》。我们已经很难了解王夫之当时奉读、通释屈骚的心情了。但是，纵观其一生，我们可以想见，奋斗一生而将晚年仅余的一点心血倾注于屈骚，可以看作是王夫之精神的一种集结。这个集结点就是：王夫之回顾一生幡然发现，著述等身却仍然没有解脱他精神上的纠结，而唯有在奉读屈骚之时才豁然开朗，才找到了精神上的真正寄托。王夫之逆行将近2000年的时空与屈原心印影从、奇妙契合了——王夫之为国呛天呼地、东奔西走而似屈；祸于党锢、不得重用而似屈；报国无门、愤而自隐而似屈；游荡荒野、著书明志而似屈。正所谓"时地相疑，孤心尚相仿佛"！正因为此，王夫之不顾年迈贫病，不遗余力诠释屈骚。他的儿子王敔在《行状》中这样描写父亲："迄暮年，年羸多病，腕不胜砚，指不胜笔，犹时置楮墨于卧榻之旁，力疾而纂注。"这段话可以说是王夫之通释屈骚情状的生动写照。康熙二十四年（1688年）写成《楚辞通释》，仅仅过了4年，王夫之即于1692年溘然长逝。正是因为王夫之对屈原尤其是在精神上的高度认同，方能在"年羸多病"、终老之时，虽"腕不胜砚，指不胜笔"，却"力疾而纂注"，可见王夫之的《楚辞通释》对屈原倾注了多少心血，寄寓了多少情感！在王夫之笔下，一个富有民族气节的爱国者——屈原的伟大形象树立了起来，在王夫之这里，屈原精神因为具备了民族精神的内涵而达到了前所未有的高度。

（三）王夫之对屈原"忠"的阐释。

王夫之对屈原的精神主要概括为一个"忠"字，"蔽屈子以一言曰忠。[①]"但是，在王夫之笔下，屈原的"忠"，无论从形式到内涵，和以前学者所谓的屈原的"忠"有很大的不同，甚至发生了质的变化。从两汉以来，屈原所谓的"忠"，无论是肯定者还是反对者，都主要是围绕着是否"忠君"来阐述的。而在王夫之的阐发里，屈原的"忠"的层次和境界提高了，上升为国家之忠、民族之忠，因此，其内涵更为丰富。

---

① 《楚辞通释·序例》，王夫之，中华书局，1959年，第5页。

王夫之具体阐释了屈子之忠：爱国之忠，因忠而有功于国，忠是屈原爱国的、为国而不恤驱驰的源泉和动力；因忠而强谏，秉忠直谏；因忠而不避危祸；因忠而焦虑难耐、心生怨气；因忠而自沉湘，以表忠志！具体而言，有以下五点：

1. 以强国为己任，为国而建功。在"纷吾既有此内美兮……夕揽洲之宿莽"一段之后，王夫之阐释为："兼众芳为裳佩，言集古今之美以服躬也。……若将不及、志业既正，欲及时利见也。……上陈善道以辅君，下修训典以治民。晨夕不达，以靖国有功绩也。以上述己素修之志业，及任三闾、官左徒，急于效能修职之勤劳无怠如此。①"而在"余既滋兰之九畹兮，……愿竢时乎吾将刈"一段之后解释道："以上言己欲匡君立政，博求贤才，置之君侧，冀其大用，竢时之可为，以张大楚国。②"王夫之认为，屈原尽内美、重修能、培育贤才，尽职尽责而勤劳无怠，以至于夜以继日、心情急切，都是为了政治修明、国家复兴而强盛，并于国于民做出了卓越的功绩。

2. 不避危祸，强谏之情缘于为国。王夫之非常赞赏屈原不顾自身安危，明知君疑、奸妒而有所害，仍然以国家安危为己任，强谏君王。王夫之深入洞察并揭示了屈原的强谏之由、强谏之情。"日月忽其不淹兮，春与秋其代序。惟草木之零落兮，恐美人之迟暮。不抚壮而弃秽兮，何不改乎此度也。"在这一段，王夫之揣摩出了屈原不计个人安危而强谏君王的原因："君之起衰振敝，当如救焚拯溺，不容濡迟，盍不用自强之术，弃邪佞之说，以该纪其政而免于倾丧。以上言己所必谏之故，以国势必将危也。"国势将危，此屈原强谏之故也。又，"乘骐

① 《楚辞通释·卷一离骚经》，王夫之，中华书局，1959年，第3页。
② 《楚辞通释·卷一离骚经》，王夫之，中华书局，1959年，第5页。

骥以驰骋兮，来吾道夫先路。……忽奔走以先后兮，及前王之踵武。"在此段，王夫之深入剖析了屈原强谏之情："己所用以道君于前路者，集先王之美，遵尧舜之正，鉴桀纣之非。虽党人险昧，必将忮害，而不敢畏祸，惟一意忧君之倾覆，故秉忠以谏。道君以坦行于夷庚，践前王之迹，则殃且及而不辞。此上自述其违众忧国以强谏之情。[①]"明知有害而"不敢畏祸"，祸将及身而"不辞"，王夫之这段剖腹挖心般的评语，读者岂有不为屈原耿耿强谏之情、烈烈爱国胸怀泫然而泣下？王夫之，真堪为屈原千古知己者也！

3. **因忠而怨，因怨而显忠臣之极致**。屈原的"怨"是历代争论的焦点，阐发其意者多，而歧义亦多，也是判决屈原是否为忠的主要标准。司马迁认为"屈平之作《离骚》，盖自怨生也"。班固则直接批判，"然责数怀王，怨恶椒兰，愁神苦思，强非其人，忿怼不容"。朱熹认为"怨忿激发而不可以为训"，等等评价，不一而足。王夫之的看法却迥异于前人，他从屈原的"怨"读出了"忠"的意义。"明己非以黜辱故而生怨，所怨者，君昏国危"，"而终之以君之不明，奸邪误国。此虽欲强自宽抑而有所不能。所怨者，非一己之困穷也"，"惜君之不王不伯，岂以身之不遇为愤怒"，"原之被逐，盖以不欲迁都而见憎益甚：然且不自哀，而为楚之社稷人民哀，怨悱而不伤，忠臣之极致也[②]"。在屈原看来，在国家荣辱安危面前，个人的安危、利益甚至性命都是不足以道的，都是可以牺牲的，所思所想、所言所践者，完全没有自己，只有国家社稷，所谓怨者，于己何怨之有？于国能无怨乎？王夫之可以说勘透了屈子"怨"的实质，在王夫之这里，屈

---

① 《楚辞通释·卷一离骚经》，王夫之，中华书局，1959年，第4页。
② 《楚辞通释》卷四，《九章·哀郢》，王夫之，中华书局，1959年，第77页。

原非但没有因怨而销毁形象，反而使屈原忠国爱国的形象更加伟岸。

4. **恬然而死，乃千古独绝之忠。**对于屈原的死，千古以来，多有惋惜，多有否定，多有批判，而至明末清初的王夫之却给出了异于常人的更高层面的阐释。"唯誓依彭咸，以死自靖而已，……君子之进退生死，因时以决，若其要终自靖，则非一朝一夕之树立，唯极于死以为志，故可任性孤行，无所疑惧也。[①]" "决于一死，死而君可以悟，死可恬也"。爱君忧国是屈原自沉的最主要原因，正是基于屈原这一始终如一的爱国情操和追求，屈原自愿"捐生"、"以死自靖"、"无所疑惧"，因此，"死可恬也"，屈原死的坦然，死的愉快！这是最高意义的忠义、最高意义的爱国。正可谓"斯以为千古独绝之忠[②]"。正是因为王夫之对屈原之死的最新价值的发现，我们才能够真正读懂"朝饮木兰之坠露兮，夕餐秋菊之落英。苟余情其信姱以练要兮，长顑颔亦何伤"，才能够真正理解屈原"故虽见放，饮坠露、餐落英、食贫不饱"却能够"且恬然安之"的原因。笔者读《楚辞通释》至此，以为王夫之深刻地揭示了屈原死的精神内涵，发人深省，仅此一点，王夫之对屈原精神的研究居功至伟，是一点也不过分的。

5. 王夫之不仅以自己独特的视角诠释了屈氏之忠的丰富内涵，而且发现了屈氏之忠本身所闪现的民主精神的光辉。在"怨灵修之浩荡兮，终不察夫民心。……何方圜之能周兮夫孰异道而相安"一段后，王夫之注释道："承上言小人险诐害政，所恃者君之明查耳。乃君之不慧，喜佞曲而恶忠直，听群小之妒，诬我以罪。……余之宁死而不忍为此态者，忠佞殊途，忠之不能容

---

① 《楚辞通释》卷一，《离骚经》，王夫之，中华书局，1959年，第7页。
② 《楚辞通释》卷一，《离骚经》，王夫之，中华书局，1959年，第2页。

佞，犹佞之不能容忠，如鸷鸟不能与燕雀为群。……君之不察，且怪我之独与众异而绌之。则我遭时之不幸，非徒邪佞之与居，而实君心之先迷也。①""及年岁之未晏兮，时亦犹其未央。恐鹈鴂之先鸣兮，使夫百草为之不芳。"王夫之注释道："承上言舜、禹、高宗、汤、文、齐桓急于用贤。虽当国势方兴之际，常怀后世之忧，恐一失事理，而贤者亦无救其后。今楚何时，而王犹不密，非天下之至愚者乎?②""汤禹严而求合兮，挚咎繇而能调。苟中情其好修兮，又何必用夫行媒。说操筑于傅岩兮，武丁用而不疑。吕望之鼓刀兮，遭周文而得举。宁戚之讴歌兮，齐桓闻以该辅。"王夫之注释道："君敬以求贤，诚于好修，则贤者自相叶和，不待媒而应矣。前言旁求高丘、上下、四方之士而不得，伤小人多而君子无援，此谓君苟决于敬信，又何藉于同朝之推挽，而谗人岂能离间。则原之不用，实怀王之昏昧，终不可辅。③"在《楚辞通释》卷三《天问》篇首，王夫之针对王逸对天问含义的解释，认为：

篇内言虽旁礴，而要归之旨，则以有道而兴，无道则丧，黩武忌谏，耽乐淫色，疑贤信奸，为废兴存亡之本。原讽谏楚王之心，于此而至。欲使其问古而自问，而蹑三王五伯之美武，违桀纣幽厉之覆辙。原本权舆亭毒之枢机，以尽人事纲维之实用④。

综上所议，王夫之概括了屈原对楚王进行有力的控诉和批判，主要包括：君之不慧、君之不察、君心之迷、天下之至愚、

① 《楚辞通释》卷一，《离骚经》，王夫之，中华书局,1959年,第8,9页。
② 《楚辞通释》卷一，《离骚经》，王夫之，中华书局,1959年,第19页。
③ 《楚辞通释》卷一，《离骚经》，王夫之，中华书局,1959年,第19页。
④ 《楚辞通释》卷一，《离骚经》，王夫之，中华书局,1959年,第46页。

昏昧而终不可辅，正是基于这些批判，王夫之得出了这样的结论："有道而兴，无道则丧，……原讽谏楚王之心，于此而至。"

通过王夫之的评论，我们自然可以看出，屈原之忠不是那种言听计从更不是一味媚上的盲目忠君的愚忠。在屈原心里，所谓忠，社稷第一，君次之，所以敢于剖析国家与君主的关系，敢于谴责昏庸之君，敢于为国家前途命运而树立君王标杆。"有道而兴，无道则丧"实际上是对君主标准的设定。所谓"君天下"，君即国、国即君。但是屈原，在千古历史的源头，却敢于分君、分国，为国而直批龙鳞。对于国家来说，遇有道之君则兴，遇无道之君则亡，实际上就是基于忠国对无道之君的鞭笞抑或否定。所谓忠君者，忠有道之君，这完全不是盲目的、奴仆式的愚忠，这其中闪耀着国家高于一切、高于君王的可贵的民主精神的光辉。

（四）王夫之定性屈原之"忠"的深刻用义。

王夫之之所以如此通释、阐发屈原之忠，非在于屈原忠义之详略，而在于反复阐明屈原之忠乃爱国之忠、爱族之忠——民族之忠。"按原当怀王之世，虽忧国疾邪，而犹赋远游，从巫咸之告；故玉作九辩，亦于其时，有及君无恙之想。及怀王客死，国仇不报，顷襄迁窜原于江南，原乃无生之气，魂魄离散，正在斯时。[①]"怀王死于异域仇族，而自己亦遭见弃，国仇无以为报，民族危亡在即，所以"原乃无生之气，魂魄离散"，国家是屈原之至忠，国家危亡，则忠魂消散。

王夫之把屈原之忠定性在国家之忠，有着欲赋予屈原之忠以民族精神的深刻用意。王夫之流窜于深山荒郊、闭门著书的时候，满族统治者已奄有九州，王夫之只有将异族亡国之恨倾注于

---

① 《楚辞通释》卷九，《招魂·序》，王夫之，中华书局，1959年，第141页。

自己的著作之中，深信满族统治不会长久。在《天问》注释中，对"日安不到，烛龙何照"解释为："天地之间，必无长夜之理，日所不至，尚或照之，见明可以察幽，人心其容终昧乎？①"王夫之坚信汉民族终将有推翻满族统治的时候。于此，王夫之通释楚辞自然就满怀了浓烈的民族情怀。"有明王夫之，生于屈子之乡，而遭闵戢志，有过于屈者。……聊为九昭，以旌三闾之志。②"

王夫之自撰《九昭》并附于《楚辞通释》卷末，实则是对阐发楚辞微旨也可以说阐发屈原精神的一种总结，而这篇序文说的更为明确：以屈原自况，借屈子精神之通释抒发胸中之块垒：

> 有明王夫之，生于屈子之乡，而遭闵戢志，有过于屈者，爰作《九昭》而叙之曰：仆以为抱独心者，岂复存于形埒之知哉！故言以莫声，声以出意，相逮而各有体。……故以宋主亲承音旨，刘向之旷世同情，而可绍者言，难述者意。意有疆畛，则声有判合。相勤以貌悲，而幽乡之情不宣。无病之讯，所为空群于千古也。聊为《九昭》，以旌三闾之志。

"去国已遥，山河间之，伫立含愁，安能忘也"，"达屈子未言之情而表著之③"，此乃屈子之情，更是船山之情也。由此，所谓屈子之忠实乃国家之忠，屈子国家之忠实乃民族之忠，身处满族统治之下却自宣"有明王夫之"，大谈国家之忠，只有忠于明朝之一意，只有忠于汉民族而欲驱逐异族之一意。

王夫之在《九昭》包含了《汨征》《申理》《违郢》《引怀》《启志》《荡愤》《悼子》《惩悔》《遗愍》九个小篇。在其中，

① 《楚辞通释》卷三，《天问》，王夫之，中华书局，1959年，第51页。
② 《楚辞通释》卷末，《九昭·序》，王夫之，中华书局，1959年，第174页。
③ 《楚辞通释》卷末，《九昭》，王夫之，中华书局，1959年，第175-177页。

王夫之对于屈原的内心精神世界进行了细致解读。在注释里，王夫之反复以秦、楚之仇恨说事，明说屈子民族抗争之精神，暗地里实是说自己。"秦人积怨于天，如秋林之害良稼。诛其君，弔其民，息天下之祸，如涤阴翳而睹（覩）青天，迄于西极而后已。""楚之势不两立者，秦也；百相欺、百相夺者，秦也；怀王客死、不共戴天者，秦也。屈子……念大仇之未复，夙志之不舒，西望秦关，与争一旦之命，岂须臾忘哉？事虽没世不成，而静夜思之，炯然不寐。若喋血咸阳，饮马泾渭，无难且夕必为者。聊为达其志，以荡其愤焉。①"这些著文抒发了屈原对亡秦兴楚的报国伟志，亦抒发了屈原对亡楚之秦、大志未舒的民族遗恨，而实则是王夫之以暴秦喻清，借屈原委婉表达自己亡国之痛、雄心未泯的民族义愤。"僵卧孤村不自哀，尚思为国戍轮台。夜阑卧听风吹雨，铁马冰河入梦来。"抗清之力虽衰，而抗清之志未泯反炽！王夫之正可谓民族志士的屈原！

因此，综上，我们有理由说，王夫之言屈子之忠实乃言国家之忠、民族之忠。屈原精神因为王夫之的苦心孤诣、深入挖掘，闪现出了民族精神的光辉，这是王夫之远超前人的地方，也是启迪后人的有价值的地方。

---

① 《楚辞通释》卷末，《九昭·荡愤》，王夫之，中华书局，1959 年，第 182－184 页。

第五章　20 世纪屈原精神的研究

　　总括来说，20 世纪对屈原精神的研究，主要体现在两方面：一是屈原之有无，这是屈原精神研究一个基本的也是很重要的前提，人之无精神何存？二是屈原爱国与否。这是 20 世纪屈原精神研究的主流。

一、屈原之有无

　　从汉代开始到清晚期，研究屈原者不知凡几，但几乎没有人对屈原本人的客观存在提出过怀疑。从清末开始，对屈原本人是否客观存在的疑问开始产生，并随之开始了争论。这场争论在时间上不是连续的，而是间断性发展的，在参与面上具有国际性，国内国外学者均有参与，具有相当影响力。

　　对屈原提出怀疑的首先是清末民初的大儒廖平。廖平是中国近代著名的经学大师，学术成果显赫，但是他的一些观点也有不少离奇之处，对屈原的怀疑就是其中之一。廖平认为《楚辞》乃秦始皇博士作，又以《九歌》《九章》等作品为例推演认为，是九人或多人所作而汇为一书，公开说："屈原并没有这个人。①"对屈原进行了全面否定，成为 20 世纪以来否定屈原第一人。紧

---

　　① 《屈原与他的时代》赵逵夫，人民文学出版社，1996 年，第 4 页。

随其后的是胡适，公开发表《读〈楚辞〉》一文，对屈原进行质疑："我现在不但要问屈原是什么人，并且要问屈原这个人究竟有没有。①"认为屈原是文学的、伦理的箭垛式的人物。之后，卫聚贤、何天行、丁迪豪、孙次舟等人，基本承袭了廖平、胡适否定屈原存在的思路，对屈原予以否定。五十年代初，朱东润在《光明日报》上连续发表了《楚歌及楚辞》《离骚底作者》《淮南王安及其作品》《离骚以外的"屈赋"》等四篇文章，重提"屈原否定论"。"屈原否定论"不仅在国内具有一定的市场，在国际上亦有一定影响力，尤其是这一观点为部分日本学者继承并发挥。1965 年日本国立九州大学文学部冈村繁博士，在《楚辞和屈原——关于男主人公和作者之间的分离》一文中认为《离骚》《哀郢》等作品是屈原之后的作品，且作者不是一人而是多人，开了日本学术界否定屈原的先河。紧随其后，铃木修次、白川静、三泽铃尔等学者亦强调否定屈原之论，尤其是三泽铃尔，专门著文《屈原问题考辩》，认为："在秦代以前（公元前 207 年）诸著作中找不到言及屈原的记载。""屈原，完全应该视之为传说性的人物。"以史料无记载为依据，否定屈原存在，颇具杀伤力②。

屈原之有无不是一个简单的否定和肯定的问题，它不仅是对中华文化源头的一个重大考量，而且更是对作为中华民族精神源起的屈原精神的一个重大考量。因此，屈原否定论一经出炉，就遭到了众多知名学者的驳斥。在论证之初，当时只有 19 岁的陆侃如发表《读〈读楚辞〉》及长篇学术论著《屈原评传》，对胡适的屈原否定论进行了"批评"，明确强调："屈原这人是有的。

---

① 《屈原与他的时代》赵逵夫，人民文学出版社，1996 年，第 5 页。
② 《屈原与他的时代·前言》赵逵夫，人民文学出版社，1996 年，第 1-22 页。

他是战国时人。"廖平弟子谢无量没有完全仰承师说，自觉地先后批驳了廖平与胡适对屈原及其作品的否定，在 1923 年 5 月，出版了专著《楚辞新论》，目的是论证历史上屈原实有其人，并证明《史记·屈原列传》是可信的，较为系统地驳斥了廖平和胡适的"屈原否定论"。胡、陆关于《读〈楚辞〉》的争辩，引起了著名楚辞专家游国恩的关注，遂作《楚辞概论》，并特邀陆侃如作序。差不多与此同时的鲁迅，亦对这场学术论争表明了自己的态度，1926 年编写讲义《汉文学史纲要》，其中第四篇为《屈原及宋玉》，对屈原及其作品予以正面肯定。肯定和歌颂屈原成就最大的当属郭沫若，他对屈原的生卒年代进行了卓有成效的考证，创作了历史剧《屈原》，联系时代背景对屈原的生平及其思想作了深层次的挖掘，解决了屈原其人的有无问题，还原了历史面目。

1953 年世界和平理事会把屈原列为四位世界文化名人之一加以纪念，屈原成为影响世界的国际级伟人。因此在国内，屈原之有无的论争暂告一段落。但是，出乎意料的是，在国际上，主要是在日本，从 20 世纪 60 年代开始，掀起了屈原否定论的波澜，且有愈演愈烈之势。这引起了中国学者的警觉和强烈反对。从上世纪八十年代初开始，以汤炳正、魏际昌、姜书阁、聂石樵、赵逵夫、黄中模、陈守元、郭维森、毛庆、周建忠、刘建芬等为代表的中国学者，展开了有力的反驳，产生了一批颇具分量的著作，其代表作有赵逵夫的《屈原与他的时代》，黄中模的《与日本学者讨论屈原问题》，毛庆的《论"屈原否定论"的方法性错误》，陆永品的《评"屈原否定论"著的研究方法》，陈守元的《〈屈原问题考辩〉商榷》，刘建芬的《〈离骚〉是诗国的新开拓——评三泽铃尔的"神话"论与"民族歌谣"论》等。这些知名学者以严谨的学术态度，依据实事求是的考据、辨析，观点鲜

明，论据翔实，态度坚决。尤其是赵逵夫先生，详勘《战国策》
之史料并予以认真梳理，与《史记》等史料相印证，发微阐幽，
从中钩稽出屈原活动的史实以及辩证了屈原的家世。在雄辩的史
实面前，屈原有无的问题也就迎刃而解了。赵逵夫先生的研究成
果得到了国内学者如汤炳正等的肯定和好评，得到了国际学者的
赞佩，知名学者日本的竹治贞夫、苏联的尼古拉·费德林、美国
的康达维等，都对赵先生的研究成果给予了很高的评价，认为
"屈原否定论""现在完全没有再提的必要了"。

屈原之有无的争论，在肯定方诸多知名学者们据理力争、争
锋相对的辩驳下，基本得以解决，虽然至今这场辩论仍余波未
息，亦不过余波而已，已不足挂碍了。

二、屈原爱国与否

屈原之于爱国，是近现代屈原精神研究的主体，尤其是抗日
战争期间及以后一段时间，"抗日战争中，屈原的忠贞精神在
'爱国'一端闪射出了熠熠光芒，并直接影响到当代屈原精神的
评价。①"期间，以郭沫若为代表，结合时代背景，对屈原爱国精
神进行了深入挖掘。郭沫若在 1935 年，即"沪难三周年纪念
日"，流亡日本的郭沫若完成了他的第一篇研究屈原的成果《屈
原》，文中说："屈原又根本是一位爱国者，他的作品这样告白
着，他的行为也这样告白着。"其著作《屈原》则明确提出屈原
是"爱国诗人"。郭沫若特别强调过屈原研究的时代意义："正当
屈原的纪念在民间逐渐失掉它的本意的时候，整个中国的局面又
处到了二千多年前楚国所遭过的境遇，外有比虎狼之秦更横暴的

---

① 《屈原"爱国主义"研究的历史审视》，周建忠，《中国文学研究》，2002 年第
4 期。

日寇，内有比上官大夫令尹子兰楚怀王和郑袖等等更坏蛋的卖国君臣，因此屈原的影像又特别放大了镜头。"所以郭沫若将屈原研究与实际斗争结合起来，特别是在 1942 年创作了话剧《屈原》，引起轰动。而闻一多，学生称他"从面部到灵魂深处就是屈原"，他最爱做关于屈原的演讲，常说："为什么两千年来中国人民这样崇拜屈原，我到现在才懂，原来屈原是人民的诗人，为人民写诗，为反抗昏乱的政权、效忠人民而死的"。闻氏 1945 年在昆华中学讲演时说，"《离骚》的成功不仅是艺术的，而且是政治的，不，它的政治的成功，甚至超过了艺术的成功"，"如果对于当时那在暴风雨前窒息得奄奄待毙的楚国人民，屈原的《离骚》唤醒了他们的反抗情绪，那么，屈原的死，更把那反抗情绪提高到爆炸的边沿"，"历史决定了暴风雨的时代必然要来到，屈原一再地给这时代执行了'催生'的任务。"这些论述，都是与当时的时局发展、民心向背完全契合的。将楚辞教学、研究与政治斗争结合起来，正是抗战期间"楚辞"研究的重要特征。由于这一特殊的时代特征，许多学者转而成为楚辞研究专家，如闻一多、汤炳正、卫瑜章、游国恩等。可以说，由于抗日战争的时代背景的特殊性，屈原的爱国精神增添了新的内涵，也成为屈原精神在近现代研究的主流。但是，就像屈原之有无的论争一样，屈原是否爱国，成为 20 世纪学术争论的焦点。

对屈原爱国持怀疑或反对态度的，主要有两种观点：一是评价屈原爱国不合史实。20 世纪 50 年代末，著名文学史专家杨公骥发表文章《漫谈楚的神话、历史、社会性质和屈原的生平》，表达了对屈原之爱国的不同看法，认为把屈原作为爱国主义诗人"这是反历史主义的说法，是极狭隘的民族主义和国家主义观点在历史学中的运用。""如果将战国时代的封建割据当作今天的意义上的国家看待，那么先秦的大思想家孔子、孟子、墨子、荀

子、吴起、商鞅、韩非等，岂不都成了不爱祖国、无国家观念各处奔走的国际浪人，说明用这种观点评价屈原的不科学。①"对冠以屈原以爱国头衔明确表示反对。杨公骥弟子郭杰发文提出：对屈原而言，楚不是现代意义上的祖国，而是与之同姓的宗国；屈原时代"不可能形成诸如'爱国主义'等超社会、超历史的观念②"，其观点与杨公骥相同。随后，还有一些人认为屈原的祖国观念"狭隘性和保守性多于先进性"，"屈原的'美政'理想和爱国主义精神不具有推动社会发展的进步性，没有什么值得肯定和赞扬之处"，等等。二是屈原主观上无爱国意识。持这一观点的代表是曹大中。在1982年湖南省首届屈原学术讨论会上，曹大中发言提出，在我国先秦时代，爱国的政治道德观念尚未产生，在屈原的主体思想意识中并没有爱国观念。会后，曹氏据发言的观点，形成论文《屈原———没有爱国观念的伟大爱国诗人》，认为屈原的政治行为没有主观上的爱国动机，只是在"客观上"具有爱国主义。之后，曹大中又先后阐明自己的观点，"屈原是没有爱国政治道德观念的伟大爱国主义诗人"，"屈原不过是一个没有爱国政治道德观念的伟大爱国主义诗人"，"屈原是一个没有爱国主义思想的'爱国诗人'"。曹大中的观点自然引来了争论。为此，他又连续发表了5篇文章，重申自己的观点。曹大中的观点得到了一些学者的附和，分别发表了部分文章，阐发了与曹大中相应的观点③。

---

① 《独具个性，执着追求——杨公骥先生的中国古代文学研究》，赵敏俐，《文学遗产》，2006年第6期。

② 《先秦国家观念与屈原的宗国意识》，郭杰，《东北师大学报》，1989年第4期。

③ 《屈原"爱国主义"研究的历史审视》，周建忠，《中国文学研究》，2002年第4期。

以上两种观点均不认可屈原爱国之说，引起了较大的争议，尤其是 20 世纪 80 年代以来，反对杨公骥、曹大中等人观点的文章不断发表，有些文章直接点名进行争论、商榷，在 20 世纪后 20 年，出现了数量惊人的关于屈原是否爱国的讨论文章，把 20 世纪屈原精神研究的爱国这一主题研究推向了高潮。周建忠对此进行了梳理总结，2002 年在《中国文学研究》发表论文《屈原"爱国主义"研究的历史审视》，引用 20 世纪后 20 年的以屈原爱国与否为主题的论文高达 40 余篇。周建忠在这篇论文里，从历史发展的角度，总结了屈原爱国的研究状况，从界定屈原爱国概念入手，阐明了屈原爱国研究的原则，具有很强的启发价值。

总的来说，20 世纪对屈原精神的研究，无论是屈原有无的争论，还是爱国与否，都主要以屈原爱国为主题，展开研究，旁及屈原精神其他方面的很少，显得很单薄。而实际上，屈原精神具有丰富的内涵，单单局限于爱国与否来研究是远远不够的。赵逵夫先生在分析 20 世纪 60 年代以来在日本出现新的"屈原否定论"原因时，认为第一个原因是"首先，过去我们对屈原的生平与思想确实缺乏深入的研究。"① 用赵先生这句话来评价 20 世纪屈原精神研究现状是非常合适的。

---

① 《屈原与他的时代》赵逵夫，人民文学出版社，1996 年，第 9 页。

第六章　屈原精神之文化内涵

　　自汉以降，屈原精神研究总的特点是片面性研究多而综合研究者少。在封建时期，屈原精神研究侧重于"忠"的研究，无论是忠君还是忠国，随着时代的发展，其内涵在不断地丰富，但始终没有突破这个范围。到 20 世纪，"爱国"研究则成为主流，亦有旁及其他方面，但呈现就事论事的特点。因此，我们大多数情况下，是在从某一个侧面了解屈原，对屈原精神的研究，在从现象到本质的深度提升上，从个别层面到整体面貌的塑造上着力不够，影响了人们对屈原精神的整体认识和把握。在前人研究的基础上，笔者尝试对屈原精神的文化内涵做一些探讨，认为，屈原精神作为中华民族精神的灵魂，作为光照千秋、泽振后人的源泉和标杆，其内涵是丰富的，最基本的应包括人格精神、爱国精神、自觉精神、美政理想、一统理想等内容。

一、人格精神

　　（一）志向远大。屈原自幼即树立了远大的志向。这一点在《橘颂》中体现的比较集中。赵逵夫先生把《橘颂》与《士冠辞》加以比较、论证，认为"《橘颂》是屈原举行冠礼时明志之作。①"这充分说明，屈原自幼即树立了异于常人的壮大抱负。在《橘颂》中，屈原托物言志，向世人表达了自己一生的志向，为自己树立了人生的标杆，表现了屈原初成年就与众不同的志向，思谋建功立业、必成大志的自信与胸怀。

后皇嘉树，橘徕服兮。

受命不迁，生南国兮。

深固难徙，更壹志兮。

绿叶素荣，纷其可喜兮。

曾枝剡棘，圆果抟兮。

青黄杂糅，文章烂兮。

精色内白，类任道兮。

纷缊宜修，姱而不丑兮。

嗟尔幼志，有以异兮。

独立不迁，岂不可喜兮？

深固难徙，廓其无求兮。

苏世独立，横而不流兮。

闭心自慎，终不失过兮。

秉德无私，参天地兮。

愿岁并谢，与长友兮。

淑离不淫，梗其有理兮。

年岁虽少，可师长兮。

行比伯夷，置以为像兮。

---

① 《屈原与他的时代》赵逵夫，人民文学出版社，1996年，第114页。

屈原通过《橘颂》一方面表达了立志扎根祖国、绝不迁徙的爱国情怀。"受命不迁，生南国兮。深固难徙，更壹志兮"，这"表现出一种'天降大任于斯人'及'天生我材必有用'的味道①"。而钱澄之认为："受命不迁，得之天也；深固难徙，存乎志也。惟有志乃能承天。②"分析了屈原志向之正、志向之大。另一方面，通过赞美橘树"青黄杂糅，文章烂兮"、"精色内白"、"圆果抟兮"的俊逸华彩，展现了屈原立志报效祖国、欲有所成就的雄心壮志，充分表现了屈原"华而有实"的追求和对"羌无实而容长"的鄙弃，"纷吾既有此内美兮，又重之以修能"即与此志相和合。"嗟尔幼志，有以异兮。"那么，怎样才能实现异于常人的伟大志向呢？屈原对此作出了自己的回答。一是深固不迁、操守坚定。二是"廓其无求""秉德无私"，于国无私、不做世俗的索求。三是"苏世独立，横而不流"，明智清醒，不随波逐流。四是"闭心自慎，终不失过兮"，心无旁骛，勤勉谨慎。

（二）**注重德才双修**。屈原对自己的人格塑造有着严格的标准和追求。毛庆对此评价说："在先秦知识分子中，屈原应当说是对人格最重视的……追求一种高、洁、美的独立人格。③""纷吾既有此内美兮，又重之以修能"，屈原要求自己既要有美好的品质，又要有堪为栋梁的美才。在德行要求上，楚人在春秋时期就有了"忠、信、仁、义、德、行、文、礼"等标准。晋重耳过楚，楚成王评价重耳及随行人员时说："晋公子广而俭，文而有礼。其从者肃而宽，忠而能力。④"其后，晋大夫随会称楚人"德

①《屈原与他的时代·前言》赵逵夫，人民文学出版社，1996年，第113页。
②《庄屈合诂》，钱澄之，黄山书社，1998年。
③《屈原与中华文化和民族精神》，毛庆，四川大学出版社，2008年，第108页。
④《左传译注·僖公二十三年》李梦生，上海古籍出版社，2004年，第271页。

言刑行，政成事时，典从礼顺①"。到了战国时期，受楚国文化熏染的屈原，强调品格修养，并以之作为自己的道德标准。就屈原来说，他追求人格的完美，主要的就是为了实现自幼立下的远大志向和匡扶天下的美好理想。

屈原的人格精神最主要的就在于重视"修身"这一点上。春秋战国时期，外王内圣是士阶层追求的理想境界。在这一点上，屈原是与那个时代的主流风尚相契合的。"修己以敬。修己以安人，修己以安百姓。修己以安百姓，尧舜其犹病诸？②"孟子认为："守约而施博者，善道也……君子之守，修其身而天下平。③"孔孟认为修身之重要性，在于它上关家国大业，下关自身存在，"修身"在孔孟那里达到了治国平天下的高度。稍后一些的荀子也说："以修身自强，则名配尧舜。④"老子则说："修之于身，其德乃真；修之于家，其德有余；……修之于天下，其德乃普。⑤"庄子曰："是故古之明大道者，先明天而道德次之……必分其能，必由其名，以此治物，以此修身"，并说："道之真，以治身，其余绪，以为国⑥"。而墨子专门辟出《修身》一章，认为"君子察迩而迩修者也。见不修行，见毁，而反之身者也。⑦"，"今士之用身，不若商人之用一布之慎也……世之君子欲其义之成，而助之修其身则愠，是犹欲其墙之成，而人助之筑则愠也，

① 《左传译注·宣公十二年》李梦生，上海古籍出版社，2004年，第468页。
② 《论语译注·宪问篇第十四》，杨伯峻，中华书局，1980年，第159页。
③ 《孟子译注·尽心章句下》，杨伯峻，中华书局，1960年，第338页。
④ 《诸子集成之荀子集解》，上海书店出版社，1994年，第154页。
⑤ 《诸子集成之老子道德经54章》，上海书店出版社，1994年，第33页。
⑥ 《新编诸子集成之庄子集释·天道》，郭庆藩，中华书局，1961年，第471页。
⑦ 《新编诸子集成之墨子闲诂·修身第二》，孙诒让，中华书局，1961年，第8页。

岂不悖哉?①"先秦诸家均把"修身"作为"治国平天下"的起点或者说源头,虽然内涵有所不同,但却都是对当时时代共同课题的所作出的严肃思考。屈原在修身问题上与诸子是一脉相承的。一方面是自身追求"善美"的自觉精神使然,同时,时代大环境对他也有着潜移默化的影响。"纷吾既有此内美兮,又重之以修能","汝何博謇而好修兮,纷独有此姱节","民生各有所乐兮,余独好修以为常","苟中情其好修兮,又何必用夫行媒","岂其有他故兮,莫好修之害也",这些诗句就是屈原重视"修身"的尽情表述。

"汨余若将不及兮,恐年岁之不吾与","惟草木之零落兮,恐美人之迟暮","岂余身之惮殃兮,恐皇舆之败绩",三个"恐"字表明了屈原报效祖国的强烈的责任心和奋发图强的危机感。基于对国家的责任感、使命感,无论是青春年少奋发有为的时候,还是政治失意、忧伤苦闷的时候,甚至是行吟泽畔形容枯槁的时候,屈原一生都始终保持着勤奋自修的精神。

(三)坚持操守而不易。"余固知謇謇之为患兮,忍而不能舍也","苟余情其信姱以练要兮,长顑颔亦何伤","虽不周于今之人兮,愿依彭咸之遗则","亦余心之所善兮,虽九死其犹未悔","伏清白以死直兮,固前圣之所厚",这些诗句体现了屈原不计个人安危,敢担道义的精神;体现了他高标独立,忠贞刚毅,坚持操守而不易的高尚情操。这在他那个时代,这种高尚的人格显得尤为珍贵。在先秦,朝三暮四、朝秦暮楚、楚才晋用是一种流行的人才流动趋势,"士无定主",从一而终不是当时士阶层秉持的行为规范,他们所追求的是自己的政治主张能够兑现为现实,之

---

① 《新编诸子集成之墨子闲诂·修身第二》孙诒让,中华书局,1961 年,第 444 页。

于是在自己的国家还是在别的国家甚至敌对国家实现，都无所谓。比如孔子，在自己的国家鲁国不能尽施其才，不能实现自己所谓三皇五帝的政治局面，他不惜辛劳，周游列国，兜售自己的政治抱负。"苟有用我者，期月而已，三年有成。①"于是，孔子周游鲁、周、卫、陈、宋、蔡等诸国，疲于奔命、斯文扫地而难有斩获，最终郁郁而归。而在这一点上，屈原是一个例外，表现出非同一般的贞洁感与坚定性。早在汉代，如贾谊和司马迁，在对屈原的人格追求给予高度评价的同时，认为为了秉持人格的完美，实现自己的人生价值，屈原应该去楚国而他就。贾谊在《吊屈原赋》中说："所贵圣人之神德兮，远浊世而自藏。使骐骥可得系而羁兮，岂云异夫犬羊。般纷纷离其忧兮，亦夫子之故也。历九州而相其君兮，何必怀此都也。"司马迁说："余读《离骚》《天问》《招魂》《哀郢》，悲其志。适长沙，观屈原所自沉渊，未尝不流涕，想见其为人。及见贾生吊文，又怪屈原以彼其才，游诸侯，何国不容，而自令若是。"司马迁与贾谊看法相似，以为屈原可以别适他国，以保全人格，避免悲剧结局。身处"士无定主"的大时代背景下，屈原也会受到影响，他在"荃不察余之中情兮，反信谗而齌怒"痛苦境遇中，在"国无人莫我知兮"的孤独中，屈原也想为自己找一个离开楚国的理由，但是，当他下定决心正要远离的时候，"陟升皇之赫戏兮，忽临睨夫旧乡。仆夫悲余马怀兮，蜷局顾而不行"，"鸟飞反故乡兮，狐死必首丘"。祖国是屈原的灵魂所系、精神的寄托，再美好的地方，也无法割舍他对祖国的热爱。

　　从青年时期所谓"受命不迁"以至于暮年虽遭遇跌宕却仍然

---

　　① 《史记》卷四十七，《孔子世家第十七》，司马迁，中华书局，2005 年，第 1537 页。

秉持"鸟飞反故乡兮，狐死必首丘"，表现了屈原坚持真理，坚持理想与追求，对祖国坚贞不易决不放弃的精神。通过对屈原作品的相互比读，我们能够深刻地体会到屈原那种对祖国的热爱、对理想的秉持、对操守的坚韧而一以贯之的高贵品格，令人油然而生敬意。

二、爱国精神

关于屈原的爱国问题，存在着较多的争论，较早的一个争论是 20 世纪初即开始的关于屈原是否爱国的问题，这个问题的争论时间跨度很长，经过 20 世纪时断时续的争论，这个问题至目前应该说是基本上理清了，意见趋同了，屈原爱国的观点已得到普遍肯定，这在第五章已有详细说明，在此不做赘述。屈原是否爱国的问题基本解决之后，随之而来的争论是关于屈原爱国的准确概念、历史意义、"国家"的概念以至于屈原自沉与爱国的关系等问题，在这些问题上可谓见仁见智、各执己见。在此，对屈原爱国精神方面的几个问题做一些梳理、辨证。

（一）关于屈原爱国的概念性问题。

1. 屈原爱国概念的略述。关于屈原爱国的问题，自古以来就颇受重视，但是却从来没有过统一的称谓，研究者一般是根据自己的研究需要或者习惯而自说自话。司马迁称为"存君兴国"，王逸则云"存国"，洪兴祖说是"爱其君"、"忧国"，而朱熹首创"爱国"称谓以之高度评价屈原，至明末清初，王夫之以为屈原"不忍背宗国"，"不忍与世同污而立视宗国之亡"，"以己之用舍，系国之存亡"。林云铭则首次将屈原的爱国与屈原精神联系在一起评价，称"屈原全副精神，总在忧国忧民上。"到 20 世纪，尤其是二三十年代以来，屈原的爱国大多与屈原的身份评价联系在一起。郭沫若认为："屈原又根本是一位爱国者，他的作品这样告白着，他的行为也这样告白着。"称屈原是"爱国诗人"。50年代初期，游国恩则于1953年6月13日在《工人日报》发文《伟大的诗人屈原及其文学——为纪念屈原作》说："农历五月初五日，称为端午节，相传是我们祖国伟大的爱国诗人屈原的忌日。①"爱国诗人成为一个较为普遍的称谓。随后，人们在对屈原是否爱国的争论中，发表了大量的学术论文或专著，成果显赫，但是依然没有解决关于屈原爱国的统一称谓问题。根据周建忠的研究统计，到目前为止，关于屈原爱国的称呼，一般有如下的表述："爱国主义"、"爱国精神"、"爱国者"、"爱国诗人"、"爱国主义精神"、"爱国思想"、"爱国主义思想"、"爱国观念"、"爱国道德观念"。显然，对于屈原爱国这同一个问题却有着不同的称谓，就像一个问题却有着若干不同的答案一样，这对于屈原爱国的深入研究是十分不利的，也不利于人们对屈原爱国问题形成统一的看法，甚至会有茫然不知所措的感觉。因此，对于屈原爱国的概念性问题有必要进行一番厘清。

2. **屈原爱国精神的界定。**如果从屈原的身份或者作家的视角来分析，称屈原为"爱国者"、"爱国诗人"是合适的。但是，如果从屈原的精神研究的视角来分析，则可以有"爱国主义"、"爱国主义精神"、"爱国主义思想""爱国精神"等称谓，但是，哪一种称谓更合适、更科学一点呢？

我们先来看"爱国主义"这个概念。《现代汉语词典》解释"爱国主义"为"指对祖国的忠诚和热爱的思想。②"科学家杨叔子则认为："爱国主义是中华民族文化价值观的核心，是世界观、人生观、价值观的集中体现，是整体观、变化观、本质观最重要

---

① 《游国恩楚辞论著集》第四卷,游国恩,中华书局,2008年,第74页。

② 《现代汉语词典》,商务印书馆,2002年,第4页。

的凝视。①”对爱国主义权威性的解释则是列宁，他认为：“爱国主义是千百年来巩固起来的对自己祖国的一种最深厚的感情。②”毛泽东认为：“爱国主义的内容，看在什么样的历史条件之下来决定。③”

从这些解释，尤其是列宁、毛泽东的解释，两位伟人在爱国主义理解上，都强调爱国主义之形成的历史过程。我们是不是可以这样来理解：爱国主义是一个民族经过历史长期积淀的、对祖国的一种伟大情感，这一情感的形成最重要的是历史长期发展的结果。这种历史积淀就是爱国精神。爱国主义好比大河，而爱国精神就是支流，不同的历史时期的各具特色的爱国精神最终凝结成为我们现代称谓的爱国主义。诸如自沉之屈原爱国精神、牧羊之苏武爱国精神、抗金之岳飞爱国精神、抗击八国联军之义和团爱国精神、抗日之杨靖宇爱国精神，等等，所有这些爱国精神，尽管都各具时代特色，但都是组成中华民族的爱国主义的最核心的、最光辉的内核，她们对于最终形成中华民族爱国主义之洪流起着最有力的作用。

3. 界定屈原爱国精神的有关考虑。之所以将屈原的爱国概念界定为爱国精神而不称为爱国主义，基于以下考虑：屈原那个时代是没有爱国主义这一现象的，这是历史事实，也是现今诸多学者认可的一点，同时也是部分学者否定屈原爱国的一个理由。屈原那个时代我们称之为战国时代，要我理解，也可称为国战世代。因为，那个时候，周王朝已经形同虚设，也就是说当时中国实质上已经不是一个统一的国家，各诸侯国，尤其是大国，比如

---

① 《大学理念与人文精神》，胡显章主编，清华大学出版社，2006 年，第 1 页。
② 《列宁全集》第 28 卷，人民出版社，第 168 页。
③ 《毛泽东选集》，人民出版社，1964 年，第 486 页。

秦国、楚国，极力扩张，征伐不断，其意图实际上是欲以一己之国扩张为一统之国，各国时刻处于进攻与防御之中，存国与亡国的生死之间，因此，我们今天所称谓的爱国主义，那个时代是不存在的。不要说"爱国主义"在那个时代没有，就是"爱国"这一称谓，也是在1200余年之后，由朱熹明确提出。至整个封建时期，"爱国主义"这个称谓是没有的；但是，我们不能因此而说没有爱国精神。如果是这样，屈原之自沉、苏武之牧羊我们就难以理解了。"问渠那得清如许，为有源头活水来。"没有数千年来历朝历代的爱国精神，是没有而今我们大力倡导的爱国主义的。赵沛霖提出："中国历史上的爱国主义和爱国精神主要有三种形态：产生于近代历史上中华民族与西方列强侵略者斗争中的爱国精神；产生于封建时代的中华民族各民族之间斗争中的爱国精神；产生于奴隶制时代的中华民族各族氏族集团之间斗争中的爱国精神。这三种爱国精神，产生于不同的历史发展阶段，具有不同的特点与内容，并在纵向上形成了明显的发展系统。①"因此，周健忠说："如果我们承认爱国主义是我们民族的优良传统的话，那么，我们就应该肯定产生于奴隶制时代的中华民族各族氏族集团之间斗争中的爱国精神。②"

因此，称屈原的爱国为爱国精神不称为"爱国主义"，既符合历史唯物主义精神，也能够解决屈原是否爱国的争讼问题。

（二）关于爱一国与爱天下的关系问题。

厘清了屈原爱国精神的问题，我们还有一个问题，就是屈原是爱一国即爱楚国还是爱天下或者兼爱？爱一国与爱天下是一种什么关系？

---

① 《屈赋研究论衡》，赵沛霖，天津教育出版社，1993年。
② 《屈原"爱国主义"研究的历史审视》，周建忠，《中国文学研究》，2002年第4期。

上世纪，在屈原爱国与否的争论中，有一种意见，认为屈原宁死不肯离楚，因他与楚王有血缘关系，表现了狭隘保守的宗族意识，他爱的只是楚国。对此，郭沫若认为屈原"他生在楚国，因而热爱楚国，但他的对于祖国的热爱，是超过了楚国的范围的"，"他不仅热爱祖国，而且热爱中国"，郭沫若的看法实际上是说屈原具有兼爱精神，既爱楚国又爱中国。赵逵夫先生分析认为屈原"不仅热爱楚国，也热爱整个中国，以统一全国、在全国实现美政为理想，其思想又高出于莫敖子华所列举的楚国历史上那些爱国志士之上，其政治活动实践，也是在更高的思想境界上，为了更为远大的目标而进行的。"这些论述，说明屈原不仅是个热爱楚国的爱国者，而且是个热爱中国的爱国者。

比较历史与现实，我们认为，屈原首先是一个楚国的爱国者。在屈原"一统理想"一节，我们会看到，楚国的发展历史，走的是一条独立自主、自力更生的道路。经过艰难而又曲折的努力，楚国称雄九州、问鼎中原，成为战国时代最大之国。楚民族由小到大，由弱到强的辉煌历史，使楚人有着强烈的民族自豪感和民族自尊心，从而更形成了热爱楚国、报效楚国的爱国精神，君臣上下，普遍如此。据《左传》载，楚国的统帅（虽贵为公子王孙，位至令尹、司马），如有覆军之败，往往自尽以谢国人，楚武王之子屈瑕、楚成王令尹子玉、楚康王令尹子襄等战败自尽便是其例。就是楚国的国君，尽管贤愚不等，但绝不敢做丧权辱国之事。楚共王临死前还自责鄢陵之败，而要求大夫为其加以"灵"或"厉"的恶谥；暴虐的楚灵王闻知政变的消息而自杀；昏庸的楚怀王宁客死秦国也不肯以捐弃国土为代价换取自由，因此赢得楚人的怀念。楚人在国家灭亡后仍然发出"楚虽三户，亡秦必楚"的誓言，这正是楚人爱国精神的强烈表现。在楚国发展历史上积淀并发扬光大的爱国精神深深地激励和影响了楚国子

孙，也深深地激励和影响了屈原。屈原以毕生精力为其爱国理想
而顽强奋斗，直至献出宝贵的生命。因此，屈原爱楚国的精神是
一种历史的传承①。

继承爱国传统的屈原，对楚国的热爱是具体而微的。楚国是
屈原的父母之邦，她有辽阔的土地，壮丽的山川，富饶的物产，
悠久的历史，灿烂的文化，强大的国力，怎不使屈原对她产生母
亲般的爱。在《离骚》中，屈原彷徨不定，向女巫灵氛占卜，灵
氛劝他九州之大可以周游，不必要羁绊于楚。屈原也借此对自己
所处之境就行了分析：

怀朕情而不发兮，余焉能忍与此终古！

索藑茅以筳篿兮，命灵氛为余占之。

曰："两美其必合兮，孰信修而慕之？

思九州之博大兮，岂惟是其有女？"

曰："勉远逝而无狐疑兮，孰求美而释女？

何所独无芳草兮，尔何怀乎故宇？"

世幽昧以眩曜兮，孰云察余之善恶？

民好恶其不同兮，惟此党人其独异。

户服艾以盈要兮，谓幽兰其不可佩。

览察草木其犹未得兮，岂珵美之能当？

苏粪壤以充帏兮，谓申椒其不芳。

欲从灵氛之吉占兮，心犹豫而狐疑。

巫咸将夕降兮，怀椒糈而要之。

百神翳其备降兮，九疑缤其并迎。

---

① 《再论屈原之死及其爱国主义精神》，董运庭，《重庆师范大学学报（哲学社
会科学版）》，2005 年第 6 期。

皇剡剡其扬灵兮，告余以吉故。

曰："勉升降以上下兮，求矩矱之所同。

汤、禹俨而求合兮，挚咎繇而能调。

苟中情其好修兮，又何必用夫行媒。

说操筑于傅岩兮，武丁用而不疑。

吕望之鼓刀兮，遭周文而得举。

宁戚之讴歌兮，齐桓闻以该辅。

及年岁之未晏兮，时亦犹其未央。

恐鹈鴂之先鸣兮，使夫百草为之不芳。"

何琼佩之偃蹇兮，众薆然而蔽之。

惟此党人之不谅兮，恐嫉妒而折之。

时缤纷其变易兮，又何可以淹留？

兰芷变而不芳兮，荃蕙化而为茅。

何昔日之芳草兮，今直为此萧艾也？

岂其有他故兮，莫好修之害也！

余以兰为可恃兮，羌无实而容长。

委厥美以从俗兮，苟得列乎众芳。

椒专佞以慢慆兮，樧又欲充夫佩帏。

既干进而务入兮，又何芳之能祗？

固时俗之流从兮，又孰能无变化？

览椒兰其若兹兮，又况揭车与江离！

惟兹佩之可贵兮，委厥美而历兹。

芳菲菲而难亏兮，芬至今犹未沫。

和调度以自娱兮，聊浮游而求女。

及余饰之方壮兮，周流观乎上下。

灵氛既告余以吉占兮，历吉日乎吾将行。

灵氛劝解屈原，"思九州之博大兮，岂惟是其有女？""何所独无芳草兮，尔何怀乎故宇？"天涯何处无芳草，何必死守故土。"说操筑于傅岩兮，武丁用而不疑。吕望之鼓刀兮，遭周文而得举。宁戚之讴歌兮，齐桓闻以该辅。"看看这些名臣得用于明君，屈原感受到了自己所处政治环境的恶劣，感受到了楚国没有他用武之土壤，"惟此党人之不谅兮，恐嫉妒而折之"，"兰芷变而不芳兮，荃蕙化而为茅"，"岂其有他故兮，莫好修之害也"，党人嫉贤妒能、处处构陷，君王视贤能如草芥，实在生无可恋了！"灵氛既告余以吉占兮，历吉日乎吾将行"，于是，屈原接受了灵氛的规劝，正当他腾云驾雾、仙游域外，"吾将从彭咸之所居"的时候，却忽然瞥见了他的故乡，"陟升皇之赫戏兮，忽临睨夫旧乡。仆夫悲余马怀兮，蜷局顾而不行。"无论外面的世界多么美好，也抵不上故乡之一眄。当郢都陷落，楚国君臣四奔罔顾，屈原却跟老百姓在一起，共赴国难，国破家亡之耻和眷恋故国之情交织在一起，令屈原悲痛难忍，愤而作《哀郢》：

> 皇天之不纯命兮，何百姓之震愆？
> 民离散而相失兮，方仲春而东迁。
> 去故乡而就远兮，遵江夏以流亡。
> 出国门而轸怀兮，甲之朝吾以行。
> 发郢都而去闾兮，怊荒忽其焉极？
> 楫齐扬以容与兮，哀见君而不再得。
> 望长楸而太息兮，涕淫淫其若霰。
> 过夏首而西浮兮，顾龙门而不见。
> 心婵媛而伤怀兮，眇不知其所蹠。
> 顺风波以从流兮，焉洋洋而为客。
> 凌阳侯之氾滥兮，忽翱翔之焉薄。

心絓结而不解兮，思蹇产而不释。
将运舟而下浮兮，上洞庭而下江。
去终古之所居兮，今逍遥而来东。
羌灵魂之欲归兮，何须臾而忘反。
背夏浦而西思兮，哀故都之日远。
登大坟以远望兮，聊以舒吾忧心。
哀州土之平乐兮，悲江介之遗风。
当陵阳之焉至兮，淼南渡之焉如？
曾不知夏之为丘兮，孰两东门之可芜？
心不怡之长久兮，忧与愁其相接。
惟郢路之辽远兮，江与夏之不可涉。
忽若不信兮，至今九年而不复。
惨郁郁而不通兮，蹇侘傺而含戚。
外承欢之汋约兮，谌荏弱而难持。
忠湛湛而愿进兮，妒被离而鄣之。
尧舜之抗行兮，瞭杳杳而薄天。
众谗人之嫉妒兮，被以不慈之伪名。
憎愠惀之修美兮，好夫人之忼慨。
众踥蹀而日进兮，美超远而逾迈。
乱曰：
曼余目以流观兮，冀一反之何时？
鸟飞反故乡兮，狐死必首丘。
信非吾罪而弃逐兮，何日夜而忘之？

"民离散而相失兮，方仲春而东迁"，"望长楸而太息兮，涕淫淫其若霰"，"羌灵魂之欲归兮，何须臾而忘反"，"鸟飞反故乡兮，狐死必首丘"，"信非吾罪而弃逐兮，何日夜而忘之"，这些

086

杜鹃啼血似的诗句，这些夺人心魄、摧人肝肺的倾诉，思君、爱国、忧民之哀痛，百感交集，抑郁于心，一字一句、一吟一哦，无一处不展现了屈原缠绵悱恻、难排难解的爱国情怀，真可谓石破天惊、锥心难忘、催人泪下。游国恩对此分析说："屈原的文学作品又充分地表现了热爱祖国的情绪。他热爱祖国的乡土，热爱祖国的山川，热爱祖国的风土人情，热爱祖国的一草一木，教人们读了对祖国有特别亲切之感，不觉悠然生其爱恋祖国之心。他一离开国都就痛心，没有一刻忘记了回来，他走得越远就越难过。①"所以，楚国是屈原的根，屈原首先爱的是他的祖国——楚国。

屈原是一个爱楚国的爱国者，同时也是一个爱天下的爱国者。基于楚国历史传统、现实境况及其未来发展，屈原的内政外交策略均体现了一统理想，这在屈原一统理想一节将作详细说明，在此不作赘述。总之，屈原具有天下观念，希望实现中国的大统一，也就是希望由楚国来统一中国。

比较屈原的爱楚国与爱天下的关系，爱楚国是第一位的，是根本，没有足够强大的楚国，是无法实现天下统一的。爱天下是第二位的，是未来的理想，它由爱楚国来决定，只有楚国统一天下，爱天下才会成为现实的、具体的，也就是说，只有一统天下了，屈原的美政理想才会付诸现实。总之，屈原是一个具有天下观念的爱国者。

（三）自沉与忠君、爱国的关系问题。

对屈原的评价，对后世影响最大、争论时间最久的恐怕莫过于其自沉汨罗的问题了。屈原自沉，是忠君抑或愚忠式的尸谏，还是为国捐躯的自觉行为？对此，自汉以来就有诸多不同的看

---

① 《游国恩楚辞论著集》第四卷,游国恩,中华书局,2008 年,第69 页。

法。周建忠概括了较有影响的六种说法：第一，洁身说；第二，殉国说；第三，殉道说；第四，殉"楚文化"说；第五，政治悲剧说；第六，赐死说。"综上六说可见，'赐死说'推测成分过多，根据不足；'殉国说'是抗战时期的'古为今用'、'六经注我'的反映，可作为研究史上的'现象'来研究；'殉楚文化说'、'政治悲剧说'是从历史、哲学的角度读解，对屈原的主题意识认知不够。惟'洁身说'、'殉道说'颇近情理：'洁身'、'殉道'、'泄愤'，皆为屈原自沉动机的不同方面，与屈原作品的情感抒发，比较吻合。①"

综合历代对屈原自沉的评价，最关键的是自沉的性质，最核心的是自沉与忠的关系。较有代表性的一种看法是，"历九州而其君兮，何必怀此都也？"致死眷恋楚王，屈原自沉是一种愚忠的强烈表现。这里牵扯到如何看待屈原"忠"的问题。这里要重点看屈原自沉前的思想表达。《惜往日》《怀沙》是屈原自沉前最主要的著作，也是立志自沉的遗书。看屈原自沉的性质，必须看这两篇诗作，《怀沙》在前章已有所录，现录《惜往日》如下，以便分析辨证：

> 惜往日之曾信兮，受命诏以昭时。
> 奉先功以照下兮，明法度之嫌疑。
> 国富强而法立兮，属贞臣而日娭。
> 秘密事之载心兮，虽过失犹弗治。
> 心纯庞而不泄兮，遭谗人而嫉之。
> 君含怒而待臣兮，不清澄其然否。
> 蔽晦君之聪明兮，虚惑误又以欺。

---

① 《楚辞考论》，周建忠，商务印书馆，2003年，第143-152页。

弗参验以考实兮，远迁臣而弗思。

信谗谀之溷浊兮，盛气志而过之。

何贞臣之无罪兮，被离谤而见尤。

惭光景之诚信兮，身幽隐而备之。

临沅湘之玄渊兮，遂自忍而沈流。

卒没身而绝名兮，惜壅君之不昭。

君无度而弗察兮，使芳草为薮幽。

焉舒情而抽信兮，恬死亡而不聊。

独障壅而蔽隐兮，使贞臣为无由。

闻百里之为虏兮，伊尹烹于庖厨。

吕望屠于朝歌兮，宁戚歌而饭牛。

不逢汤武与桓缪兮，世孰云而知之。

吴信谗而弗味兮，子胥死而后忧。

介子忠而立枯兮，文君寤而追求。

封介山而为之禁兮，报大德之优游。

思久故之亲身兮，因缟素而哭之。

或忠信而死节兮，或訑谩而不疑。

弗省察而按实兮，听谗人之虚辞。

芳与泽其杂糅兮，孰申旦而别之。

何芳草之早殀兮，微霜降而下戒。

谅聪不明而蔽壅兮，使谗谀而日得。

自前世之嫉贤兮，谓蕙若其不可佩。

妒佳冶之芬芳兮，嫫母姣而自好。

虽有西施之美容兮，谗妒入以自代。

愿陈情以白行兮，得罪过之不意。

情冤见之日明兮，如列宿之错置。

乘骐骥而驰骋兮，无辔衔而自载。

乘氾泭以下流兮，无舟楫而自备。

背法度而心治兮，辟与此其无异。

宁溘死而流亡兮，恐祸殃之有再。

不毕辞而赴渊兮，惜壅君之不识。

《惜往日》一篇，完全是屈原在下决心自沉前的述志表情的伟大的忠君爱国诗篇。"或忠信而死节兮，或訑谩而不疑。""千古艰难唯一死"，而在决定投水明志之后，屈原在临死以前，心里是平静的，他开始回顾既往自修从政的经历，从政之初，颇受王之信赖，"惜往日之曾信兮，受命诏以昭时"，自己的才能得到施展。然而，为图国家自强的改革遭到了权贵的强烈反对和构陷、离间，"心纯庬而不泄兮，遭谗人而嫉之。君含怒而待臣兮，不清澄其然否"，即便这样身处死地，"焉舒情而抽信兮，恬死亡而不聊"，也不会违背忠信而苟且偷生，屈原用自己的人生经历告诉时下和后来人，我的自戕不是为了沽名钓誉、博取眼球，不是为了自己无处可奔的绝望，而是为了唤醒——唤醒楚王、唤醒臣僚、唤醒民众、唤醒道义、唤醒后来人。"国富强而法立兮，属贞臣而日娭"，"宁溘死而流亡兮，恐祸殃之有再"，这就是屈原为之奋斗的目标——至死不屈爱国之志。"屈原所追忆和深感痛惜的，正是楚国和他自己所遭遇的这段历史……全诗情悲意切，表现了屈原致死不渝的爱国之情。①"

屈原的忠君实际上是与忠国相一致的。屈原"正道直行，竭忠尽智以事其君"，"虽放流，眷顾楚国，系心怀王，不忘欲返……其存君兴国而欲反覆之，一篇之中三致志焉"；"余固知謇謇之为患也，忍而不能舍也。指九天以为正兮，夫唯灵修之故也"。

---

① 《楚辞评选》，褚斌杰，三秦出版社，2004年，第241页。

楚王对自己倍加疏远、自己的处境倍加艰难，屈原却对楚王仍忠心不二，实际上则在于表白自己的立场。由此看，屈原对楚王可谓忠诚之至。但是，屈原还说："乘骐骥以驰骋兮，来吾道夫先路。"屈原对为君之道进行了规范，这在前面已经进行了分析，其目的是什么呢？司马迁说："《易》曰：'井渫不食，为我心恻，可以汲。王明，并受其福'。王之不明，岂足福哉！""恐皇舆之败绩"，其目的就是为了楚国的强大，基于这个目的，屈原希望楚王能够成为一个有为之君。在屈原那个时代，国与君实际上在一定程度上是一体的。孔子周游列国，楚才晋用，朝秦暮楚，等等现象，都说明，一个政治家的治国方略必须依靠有为之君方能得以实施。因此国与君是不可能截然割裂的。屈原要想施行自己的美政，没有楚王的鼎力支持，是不可能实现的，这一点，屈原是非常明白的。"国君在一定程度上是国家的象征，而且只有通过国君才能实现兴国理想，所以屈原的忠君是他爱国思想的一部分。[1]"另外，屈原至死不离祖国，除了他既有的爱国精神使然外，还有对现实的考量。当时强国非秦即楚，秦国是虎狼之国，是敌人，因此，楚国是屈原施行美政最理想的国土。因此，屈原除了忠于楚王之外，他没有别的选择。汤炳正说："屈原当时，未死于郢都陷落之日，而死于黔中不守之时；未死于黔中随属的溆浦之地，而死于湘水流域的汨罗。从这个过程来看，很可能郢都虽陷，屈原犹有兴国之志；黔中虽失，屈原犹存收复之心。故直至到达湘水流域，接近祖国腹地，耳闻目见，感到一切无望，才自沉于汨罗。"[2] 董运庭则认为："屈原的'深固难徙'、'受命不迁'、'横而不流'，决不是出于'洁身'，更不是出于'泄

---

① 《中国文学史》第一卷，袁行霈，高等教育出版社，2003 年，第 134 页。
② 《屈赋新探》，汤炳正，齐鲁书社，1984 年，第 82 页。

愤'，而是出于他坚定不移的爱国思想和信念。①"

由此可知，基于国家前途的考虑，屈原的忠君，不是忠于楚
怀王及顷襄王的个人意志，而是拯救楚国于危亡的神圣的使命。
因为不忍亲睹自己的祖国的灭亡，为了自己的祖国而自沉，屈原
的自沉是忠于楚国，是他爱国精神的最强烈的诉求。所以说，屈
原的自沉是伟大的爱国行为，正因为此，"推此志也，虽与日月
争光可也"这样的评语才有其应有的分量。

三、自觉精神

屈原是一个品行高洁、志存高远、胸怀祖国、积极入世的杰
出政治家，在他的精神体系内，处处洋溢着热烈的自觉精神。

（一）修身的自觉。屈原的自觉精神首先体现在他的修身自
觉。修身、齐家、治国、平天下，这是儒家秉持的出世理念，屈
原虽未提及这个理念，但他却是践行这个理念的杰出代表。屈原
有个梦想，就是"平天下"——由一个强大的楚国一统天下，平
天下需要一个强大的国家，一个强大的国家需要修为高尚的政治
家，屈原就是按照这个逻辑加强自身修养的。这从《橘颂》一诗
中可见一斑：

> 后皇嘉树，橘徕服兮。
>
> 受命不迁，生南国兮。
>
> 深固难徙，更壹志兮。
>
> 绿叶素荣，纷其可喜兮。
>
> 曾枝剡棘，圆果抟兮。

---

① 《再论屈原之死及其爱国主义精神》，董运庭，《重庆师范大学学报（哲学社
会科学版）》2005 年第 6 期。

青黄杂糅，文章烂兮。

精色内白，类任道兮。

纷缊宜修，姱而不丑兮。

嗟尔幼志，有以异兮。

独立不迁，岂不可喜兮？

深固难徙，廓其无求兮。

苏世独立，横而不流兮。

闭心自慎，终不失过兮。

秉德无私，参天地兮。

愿岁并谢，与长友兮。

淑离不淫，梗其有理兮。

年岁虽少，可师长兮。

行比伯夷，置以为像兮。

从诗歌通篇来看，没有任何的被疏远、被放逐的痕迹，也没有郁郁不得志的情绪，更多的是对橘树高洁形象的赞美，以此，大多楚辞研究专家特别是近现代诸如金开诚、褚斌杰等代表，都认为《橘颂》是屈原早期或青少年时期著作。"纷吾既有此内美兮，又重之以修能"，从屈原被放逐前后的作品，青少年时期的屈原即胸怀大志，立志在振兴楚国、一统天下上做出一番作为，因此屈原对自身修养有严格的要求，说明屈原从青少年立志开始，就对自己的修为提出了"修身"以"治国""平天下"的远大目标和具体要求，《橘颂》正是屈原早期自觉加强自我修为的写照。《橘颂》反映了屈原修身的自觉精神，主要体现了八方面修身品格：一是"纷缊宜修，姱而不丑兮"的美好修养，二是"受命不迁"的爱国精神，三是"深固难徙"的坚定意志，四是"廓其无求"的高雅品质，五是"苏世独立，横而不流"的独立

人格，六是"秉德无私，参天地"的大公无私的美质，七是"行比伯夷，置以为像"的民族气节，八是"愿岁并谢，与长友"的理想与追求。

屈原是一个言出必践、知行合一的人，他青少年立志修为，所有这些宝贵品质在他今后的人生中都一一得到了验证和体现，凭此一精神，可彪炳千秋、光耀天地，为万世之师而不为过。

（二）政治的自觉。"各种文学，都是应环境而产生的，推崇文艺的人，虽喜欢说文艺足以掀起风波来，但在事实上，却是政治先行，文艺后变。[①]""据我的意思，即使是从前的人，那诗文完全超于政治的所谓'田园诗人'，'山林诗人'，是没有的。[②]"所以，屈原首先是一个政治家，其次才是一个文学家。屈原的楚辞首先表现为政治的自觉。聂石樵说："《离骚》是一篇具有强烈政治倾向性的诗歌。[③]""举贤而授能兮，循绳墨而不颇"，"奉先功以照下兮，明法度之嫌疑"，"国富强而法立兮，属贞臣而日娭"，"忽奔走以先后兮，及前王之踵武"，"乘骐骥以驰骋兮，来吾导夫先路"，《离骚》，《怀沙》《惜往日》《大招》《哀郢》等等诗歌的这些陈述，体现了屈原为了楚国的强盛而倡导培育贤能、改革立法、富国强兵的举措，体现了屈原为了实现政治理想而不辞奔走与操劳、勇做先锋的担当精神。所以，屈原的辞大都是政治抒情诗，描述了他的美政抱负、活动、情感，是自觉的政治性诗文，充分体现了他的政治自觉精神。

相对于屈原那个时代朝秦暮楚的风尚，屈原的政治自觉是一

---

① 《鲁迅全集》四卷，《现今的新文学的概观》，人民文学出版社，1957年，第107页。

② 《鲁迅全集》三卷，《魏晋风度及文章与药及酒之关系》，人民文学出版社，1957年，第395页。

③ 《先秦两汉文学史》，聂石樵，中华书局，2003年，第470页。

种鲜明的突破，突破的基点就在于他对祖国的热爱，这是主观因素。同时，屈原这种政治的自觉性的形成，其客观因素则是国家内忧外患，外有秦国等国虎视眈眈，内有旧贵族把持朝政。"天下兴亡，匹夫有责。"何况作为国家重臣的屈原呢？这决定了屈原对于政治的态度，以国家兴亡为己任，形成了政治自觉精神，并成为一种巨大的力量爆发出来。

（三）**爱国的自觉**。一到端午节，我们就会想到屈原。千百年以来，老百姓以一种隆重而固定的节日纪念一位古人，还作为世界四大文化名人之一，受到世界和平理事会和全世界人民的隆重纪念，屈原正是基于爱国为主的精神和人格，感召于天敌，泽被于世人。

"长太息以掩涕兮、哀民生之多艰"，"身既死兮神以灵，魂魄毅兮为鬼雄"，"指九天以为正兮、夫惟灵修之故也"，"路漫漫其修远兮、吾将上下而求索"，"亦余心之所善兮、虽九死其犹未悔"，"刑天舞干戚，猛志固常在"，从这些荡气回肠的诗句中，我们完全可以看出，屈原之死实乃为国为民自觉精神的一种最强烈体现，是强国以成就抱负的自觉精神的一种最强烈体现，是生而不能救国死亦惊醒世人的自觉精神的一种最强烈体现。对祖国，寄予最深沉的爱，才能致死不离不弃，才有"受命不迁""深固难徙"的自觉精神。"可见其爱国热忱诱使他眷恋楚国，不忍离开楚国，他最终以自己的行动完成了坚贞崇高之品格。①"从其死，我们才能最深刻地体会到他所有的抱负、所有的言行乃至所谓的牢骚，都是为了国家强盛，国家是他的生命之本，自觉的爱国，自觉的为国而战斗，自觉的去死，至九死而未悔！自觉精神何其昭著！唯有这样的自觉精神，才堪与日月争光，德配于

① 《先秦两汉文学史》，聂石樵，中华书局，2003年，第470页。

天，沾溉后人。用其自觉的死，"激动种性，增进爱国的热肠"，所谓"人生自古谁无死，留取丹心照汗青"的视死如归的豪迈，所谓"革命尚未成功，同志还需努力"的前赴后继的斗志，无一不是这种自觉精神的延续、弘扬，成为涵养中华民族血脉的最丰富养分，是中华民族坚挺的脊梁！

"放言无惮，为前人所不敢言。①"胸怀祖国，心无邪私，光明磊落，何言不可放？何言有所忌？"凭心而言，不遵矩度。②"披肝沥胆，一心为国，前人不敢言者敢言，后人如有所言者已有所感。这就是屈原！一个爱国自觉的屈原！

（四）殉道的自觉。对于屈原的自沉汨罗，千百年来有多种评价，损之者有之，叹惋者有之，不屑者有之，睥睨者有之，赞美者亦有之。笔者认为，对于屈原精神的认知，最重要的是正确的评价屈原死的选择。人生艰难唯一死，一个怀有政治抱负、强国之梦、一统天下大计的人，其胸怀何其宽广，何以最终投水明志？

"谒忠诚以事君兮，反离群而赘肬"，"九折臂而成医兮，吾至今而知其然"，从被疏远、被放逐，屈原经历多次磨难，明白其中缘由，九州之大必能有安其身之地。"欲横奔而失路兮，坚志而不忍"，屈原坚志不移。"苟余心其端直兮，虽僻远之何伤"，"吾不能变心以从俗兮，固将愁苦而终穷"，即便身处偏远、穷困潦倒，爱国向君之心始终不改。"过夏首而西浮兮，顾龙门而不见"，"惟郢路之辽远兮，江与夏之不可涉"，"鸟飞反故乡兮，狐死必首丘"，但闻郢都失守，国亡家破，屈原方有与国同死明志之心——即便死去也要和祖国在一起，宁死不做亡国奴！"定心

---

① 《鲁迅全集》一卷，《摩罗诗力说》，人民文学出版社，1956年，第200页。
② 《鲁迅全集》八卷，《汉文学史纲要》，人民文学出版社，1958年，第274页。

广志，余何畏惧兮”，"知死不可让，原勿爱兮。明告君子，吾将以为类兮"，赴难不畏惧，为国不辞让！"苟利国家生死以，岂因祸福避趋之"，以死明志，死而为国，屈原是一个勇士，是一个斗士。屈原知其可为者而为之，知其难为者而争之，知其不可为者而殉之，绝不骑墙，绝不退缩，自始至终，都充斥着自觉精神，即便是殉之也不是终结，而是自觉精神的延续。自觉的殉道，此道即是祖国，为祖国而自觉的牺牲，这种自觉是高尚的，是愉悦的，并不是自感沉沦的落魄文人所为，所谓的屈原乃失意文人的说法是对屈原的极大误解。自觉的去做事的人心情才是愉悦的，"决于一死，死而君可以悟，死可恬也。"屈原整个身心都在于对祖国的爱，全副的精神都在爱国上，死又何惧？为了祖国甘愿牺牲，这是最伟大的自觉，这种殉道是最伟大的行为。

（五）**为民众的自觉。**"长太息以掩涕兮，哀民生之多艰"，"皇天之不纯命兮，何百姓之震愆"，"民离散而相失兮，方仲春而东迁"，屈原是一个牵挂民生于心的有良心的政治家，这是他与那个时代的政治家或者思想家迥然不同的地方。"孔夫子曾计划过出色的治国的方法，但那都是为了治民众者，即权势者设想的方法，为民众本身的，却一点也没有。这就是'礼不下庶人'。成为权势者们的圣人，终于变了'敲门砖'……①"，孔子为圣人，但不是民众的圣人，所以民众对他是敬而远之，没有亲切的、热爱的感情。而屈原，他不是圣人，却是民众朝圣的神，是敬而亲之的神。在屈原去世后，端午节被赋予纪念诗人屈原的内容。"宗懔《荆楚岁时记》载：'按五月五日竞渡，俗为屈原投汨罗日，伤其死，故并命舟楫以拯之。'"宗懔是南朝梁代人，他

---

① 《鲁迅全集》六卷，《在现代中国的孔夫子》，人民文学出版社，1958 年，第 274 页。

记载了自己那个时代端午节的风俗，说端午节龙舟竞渡是为了打捞屈原。"梱齐、梁时吴均所撰《续齐谐记》说：'屈原五月五日自投汨罗而死，楚人哀之，每至此日，以竹筒贮米投水祭之。'①"从这些比较早的记载中，可以看到人民早已在自发地纪念屈原。闻一多先生对端午这个节日作过详细考证，他指出端午节远在屈原出世以前就存在，变为屈原的纪念日，是在屈原逝世以后。"端午是一个人民的节日，屈原与端午的结合，便证明了过去屈原是与人民结合着的，也保证了未来屈原与人民还要永远结合着。②""从来诗人——其实不止是诗人——受人崇拜和纪念的普遍而又悠久者，简直没有第二个人了。③"

屈原热爱人民，人民也敬爱屈原。普天下的端午节就是为了屈原一个人，所以端午节实际就是屈原节，而却没有圣人节。一个人无论有多么完美的治国策略，无论有多么系统的思想体系，眼里没有民众，民众眼里也就没有他。屈原就是满眼里都是民众的人。"哀民生之多艰"！为了民生而自觉有为的人，所以他不是圣人，他是救民众出水火的神！自觉精神就是这个神的神火——光泽民生，秉照千秋！

四、美政理想

（一）关于屈原美政理想内涵的探讨。

"美政"是屈原设计的政治蓝图，实施并实现美政是屈原的政治理想。"国无人莫我知兮，又何怀乎故都？既莫足与为美政兮，吾将从彭咸之所居。"这是《离骚》的结束语，但却是理解

---

① 《风韵高标的楚辞》，郭维森，包景诚，辽海出版社，1998 年，第 182、183 页。

② 《闻一多全集》第一册，《人民的诗人——屈原》，开明书店，1949 年，第 259 —261 页。

③ 《游国恩楚辞论著集》第三卷，游国恩，中华书局，2008 年，第 20 页。

屈原政治生涯及其精神内涵的钥匙。"所谓美政者，……此固屈子九死未悔，体解不变者也。①"由此语可知，"美政"是屈原的政治理想，美政是他的政治精神支柱并为此奋斗终生。正因为此，他才会在极端失望下，说出追寻彭咸的话来。

屈原美政理想是什么呢？近、当代的楚辞学者，对此作了很多有价值的探讨和深入研究。游国恩认为："美政者，即合纵以摈秦之政也。""所谓美政者，非合纵抗秦之策乎?②"合纵抗秦是屈原美政的主要内容。何其芳在《楚辞论文集·屈原和他的作品》一文中说屈原的"美政就是尧舜禹汤文帝那样的政治"。很显然，游国恩侧重于对外，何其芳则侧重于对内，都对屈原的美政精神进行了某一侧面的阐释。赵逵夫则对屈原美政内容进行了详尽分析，认为包括七个方面："第一，坚持法治，反对心治；第二，举贤授能；第三，力耕强本，富农安民；第四，力战图强，统一天下；第五，禁止朋党，竭忠诚以事君；第六，反蔽壅；第七，赏罚当，诛讥罢。③"聂石樵对屈原美政内涵进行了概括："屈原美政思想的一个重要内容，是对大一统国家的憧憬，对天下一统的追求。……还包括民本主义思想……'有德在位'、'举贤授能'、'勤俭治国'、'法治观念'等等，正是这种民本思想的表现。……此外，屈原的美政理想，还应当包括'法制观念'。④"来层林在《论屈原思想的渊源》一文中，认为屈原美政思想的基本内容由三个部分组成，一是民本思想和德政主张；二

---

① 《游国恩楚辞论著集．第三卷》，游国恩，中华书局，2008 年，第 330 页。

② 《游国恩楚辞论著集．第三卷》，游国恩，中华书局，2008 年，第 328－330 页。

③ 《屈原与他的时代》，赵逵夫，人民文学出版社，1996 年，第 176-191 页。

④ 《先秦两汉文学史》，聂石樵，中华书局，2007 年，第 532—540 页。

是法治思想和举贤授能；三是大统一思想和匡定天下。① 熊良智认为"美政思想正是屈原的政治思想的集中表现"，主要表现在五个方面：一是强国立法；二是举贤授能；三是反壅蔽、禁党朋、明赏罚；四是鼓励耕战；五是民本思想。② 戴志钧则认为屈原的美政思想是地主阶级革新的政治路线："这条路线是以君圣臣贤为原则的，其具体内容主要包括内政和外交两个方面。对内改革内政，修明法度，选贤举能，重视民生疾苦；对外联齐抗秦，结交强援，壮大实力。通过内政外交措施，富国强兵，成就统一帝业。他的归宿就是要建立一个统一中央集权的地主阶级专政的王国。""屈原的政治理想的基本倾向是进步的，但它并不是全新的，而是有矛盾的。……从屈原思想主流来看，他是适应历史潮流的，是一个生气勃勃的革命者。③"

综合分析一下，我们会发现，由于历史原始资料的匮乏，我们对什么是美政尚难予以准确的定义，但是从历代学者的研究成果尤其是屈原的作品来勘察，屈原有着清晰的美政理想追求是无可怀疑的。

（二）屈原美政精神的基本内涵

1. 屈原的美政目标。屈原实施美政有两个明确的目标：一是内求政治清明，二是外求一统天下，第一个目标是基础，第二个目标是结果，即欲构建一个以楚国为核心的强大的大一统国家。屈原的美政主要围绕这两个目标来设计、实施。

屈原美政的第一个目标是什么样子呢？《大招》中说："田邑千畛，人阜昌只。美冒众流，德泽章只。"屈原眼里的政治清明，

---

① 《屈原研究论集》，来层林，湖北美术出版社，1999 年。
② 《楚辞文化研究》，熊良智，巴蜀书社，2002 年。
③ 《读骚十论》，戴志钧，黑龙江人民出版社，1986 年。

大概就是要国富民强,人民安居乐业,苛政不施,盗贼不起。赵逵夫先生分析说:"这也就是他在《离骚》中所说的美政所追求的目标。①"屈原美政的第二个目标是什么样子呢?"先威后文,善美明只,魂乎归来,赏罚当只","雄雄赫赫,天德明只。三公穆穆,蹬降堂只。诸侯毕极,立九卿只。"这不仅昭示了屈原的一统观念,也描摹了以武力诛强秦、平诸侯获大一统后,以美政统天下的状貌。

2. **法治精神**。法治应是屈原美政的一个首要内容。现学者大多认可屈原依靠楚怀王的支持,进行了法制改革,其依据是《史记》及屈原作品所载内容。《惜往日》说:"奉先功以照下兮,明法度之嫌疑。"《史记》记载:"怀王使屈原造为宪令,屈原属草稿未定,上官大夫欲夺之,屈平不予。因馋之曰:'王使屈平为令,众莫不知,每一令出,平伐其功,以为非我莫能为也。'王怒而疏屈平。"从以上资料可以看出,屈原确实进行了法治改革,而且起草"宪令",专权独任。但是,作为美政重要内容之一的新法,由于无所史传,其主要内容而今我们已很难知道。但是,这不妨碍我们通过屈原的作品和其他史料、历代学者的研究成果,管窥屈原的法治精神。

依法度、反心治是屈原最主要的法治精神。"国富强而法立兮,属贞臣而日竢。"屈原所倡导的法治,其目的是为了实现美政的第一个目标,就是国家富强。实现这一目标的前提就是屈原主张的君而臣及民均要依法行事,反对政出随意。对依法度的重要性和依"心治"、背法度的危害性,屈原有着清醒的认识。"乘骐骥而驰骋兮,无辔衔而自载;乘泛泭以下流兮,无舟楫而自备。背法度而心治兮,辟与此其无异。""固时俗之工巧兮,面规

---

① 《屈原与他的时代》,赵逵夫,人民文学出版社,1996年,第182-183页。

矩而改错。背绳墨以追曲兮，竞周容以为度。"屈原在其作品中
多次说道"规矩""绳墨"之语，一再强调法治的重要性，认为
行政事不依法度，犹如乘马而无嚼，乘舟而无桨，国家就会处于
极其危险之境地。因此，"弃心治、循绳墨"就成为屈原所倡导
的法治原则。之所以如此，是因为屈原对楚国当时上层贵族包括
楚王，率意为政、胡作非为的现状有着清醒的认识，"余既不难
夫离别兮，伤灵修之数化"，"惟夫党人之偷乐兮，路幽昧以险
隘"，"众皆竞进以贪婪兮，凭不厌乎求索"。就从"夺宪"一
事，即可看出楚国旧贵族反对法治，但更多的是对法律的蔑视和
无所视睹。依"心治"无法治的国家，必然会朝令夕改，无稳定
之国策，无稳定之秩序，国家必然衰亡，致"皇舆之败绩"。为
贯彻"弃心治、循绳墨"的法治原则，屈原提出要"赏罚当、诛
讥罢"，这是法治实行的保障。屈原的法治精神，有着明确的法
治目的、刚性的法治原则和有力的法治保障，其对法治的认识水
平和运作精神是超出当时之人的。所以赵逵夫先生说："如果从
他反对'心治'说，更加他对法的重视，因而说法治是他的美政
思想之一，这是肯定的。"在这样的认识高度下，屈原"造宪令"
必然要贯穿他的法治精神于始终，"所以说，在屈原所制定的宪
令中，肯定是体现了坚持法治，反对心治的内容的。[1]"这也是他
遭谗受陷的主要原因。

3. 为君之道。屈原在其美政体系里，很重要的一点就是对为
君之道进行了设计，也就是规划了为君标准，"乘骐骥以驰骋兮，
来吾道夫先路。"屈原以引导楚王为己任，其设计的为君标准，
至少包括三条：

第一条标准，是对君王的基本素养的规定，即君王的德行要

---

① 《屈原与他的时代》，赵逵夫，人民文学出版社，1996年，第179页。

纯粹而光明正大。"昔三后之纯粹兮，固众芳之所在"，"彼尧舜之耿介兮，既遵道而得路？"，"德誉配天，万民理只。"光明正大，是屈原对国君的最高要求。

第二条标准，是要求楚王要遵循治国之道，忌荒淫自纵。"彼尧舜之耿介兮，既遵道而得路"，"汤禹俨而祗敬兮，周论道而莫差。举贤才而授能兮，循绳墨而不颇"，"启九辩与九歌兮，夏康娱以自纵"，"羿淫游以佚畋兮，又好射夫封狐"，"浇身被服强圉兮，纵欲而不忍"，"夏桀之常违兮，乃遂焉而逢殃"，"后辛之菹醢兮，殷宗用而不长"，"瞻前而顾后兮，相观民之计极。夫孰非义而可用兮，孰非善而可服"。屈原用历史上正反两方面的例子，来启发楚王，要用义服善，处事要恭谨，遵循法度，不妄行，不自纵，否则就会自取灭亡。赵逵夫先生以此认为："对比历史上之得失，要求君王遵道行而勿康娱自纵，以取灭亡，则是另一美政的体现。"

第三条标准，是要求楚王要举贤授能，善用人才。春秋战国时期，战乱纷仍，国或强或弱，一定程度上是人才竞争的一种表现，所谓楚才晋用，就是指这种状况。屈原对人才问题特别重视，而用人者楚王也，因此楚王用人的态度是至关重要的。

举贤才而授能兮，循绳墨而不颇。
说操筑于傅岩兮，武丁用而不疑。
吕望之鼓刀兮，遭周文而得举。
宁戚之讴歌兮，齐桓闻以该辅。
——《离骚》
魂乎归来！尚贤士只。
发政献行，禁苛暴只。
举杰压陛，诛讥罢只。

直赢在位，近禹麾只。

豪杰执政，流泽施只。

魂乎归来！国家为只。

——《大招》

闻百里之为虏兮，伊尹烹于庖厨。

吕望屠于朝歌兮，宁戚歌而饭牛。

不逢汤武与桓缪兮，世孰云而知之。

——《惜往日》

屈原把举贤授能作为为君之道，核心思想是为了自己施行美政的政治理想。任用德才兼备的人才，美政才能够得以实施，国家才能强大。屈原要实行美政，变法图新，就必须打破顽固贵族一统朝政的局面，也就是要打破看出身、看门弟和族别的用人藩篱，举贤授能只讲唯才是举，唯贤是用，不讲出身地位高低贵贱。所谓贤臣，以伊、傅、吕、宁为楷模，而不以贵胄为对象，这就是主张任人唯贤，反对任人唯亲的意思。屈原对楚王提出这一用人要求是十分超前的。"这是实际上是表现了一个用人不以族姓贵贱而以德才为依据的十分大胆的思想。①"

4. 民生精神。屈原"美政"的另一基本内容就是民生精神，这在他的作品中有很清晰的表述。他在《离骚》《九章》等作品中多次涉及"民"的问题，"皇天无私阿兮，览民德焉错辅。夫惟圣哲之茂行兮，苟得用此下土"；"瞻前而顾后兮，相观民之计极"；"愿摇起而横奔兮，览民尤以自镇"。从此来看，屈原所谓的美政，在很大程度上重视民生疾苦，体现了以民为本的民生精神。所以，对"长太息以掩涕兮，哀民生之多艰"一句，朱熹解

---

① 《屈原与他的时代》，赵逵夫，人民文学出版社，1996 年，第 180 页。

释说："哀此民生，遭世多艰也。①"说明屈原牵挂人民的生计、生活的困顿，展现了作为一位政治家对天下民众怜惜的情怀。"怨灵修之浩荡兮，终不察夫民心"，"众皆竞进以贪婪兮，凭不厌乎求索"，对楚王不体察民生、奸臣只顾追逐私利的行为颇为不满，予以了公开批判，展现了屈原为民请命的大无畏精神。

屈原主张实施美政，充分体现了他对人民的重视与关心。所谓反复咏叹的"民德"、"民计"、"民生"、"民心"、"民好恶"，反映了人民在屈原心目中居于非常重要的地位。屈原实施美政，就是要为民众着想，要惠泽民众，解民众倒悬之苦。《离骚》说："夫孰非义而可用兮，孰非善而可服?"非"义"不用，非"善"不服，这便是美政的体现，就是要对民众施行仁义政策。

由于历史资料的匮乏，今天，我们已很难准确的了解屈原的民生政策，但是，我们从《离骚》《大招》等作品中，仍能管窥其概貌。如察天隐、存孤寡、广田邑、昌人民、当赏罚、理万民、尚贤士、禁苛暴等等，这一系列措施，可以说较好地体现了屈原的民生精神。

五、一统理想

(一) 一统理想的表现。

一统理想是屈原美政精神的一个重要方面。屈原一生经历了楚威王、楚怀王、顷襄王三个时期，而主要活动于楚怀王时期。这个时期正是各国争相兼并、人民长期蒙受战争祸害而渴望和平的时代，"孰能一之?""横则秦帝，纵则楚王。"作为一位政治家，屈原自然也希望结束战争、迎来大一统的局面，因此，他要

求楚国的君主能像尧舜禹汤文武那样，来完成一统大业，"忽奔走以先后兮，及前王之踵武"，这正如司马迁所评论的那样："上称帝喾，下道齐桓，中述汤武，以刺世事。"这种"世事"，就是以古喻今，希望由自己的祖国来统一各国。屈原的这一精神和愿望，顺应了历史发展趋势，体现出了他的政治进步性。

屈原在《离骚》中选用大量古代帝王兴衰的经验、教训去劝说怀王，他所用的例证几乎都是大一统天下时的君主，他多次赞颂尧舜、夏禹、商汤等大一统君主及皋陶、傅说、吕望、宁戚等华夏诸国共同认为的理想宰辅。《天问》中大部分是关于整个中国历史的叙述，而涉及楚史的只有四、五句而已。这正如郭沫若在《屈原研究》中所言："为统一中国起见，极力主张消弥各个氏族集团的个别传统，特别是个别的氏族传统，而倡导出中国民族的大公祖以为统一的基点。"屈原极力称颂尧舜、夏禹、商汤，正是这个用意。《离骚》一开头，他就说明自己为高阳氏的后代，捧出这位整个华夏的始祖来，说明在他的思想中认为楚民族有着同秦齐等国一样光荣的历史，是有资格统一全国的。他要为怀王指导先王之路，希望怀王能够举贤授能，推动楚国富强。"皇天无私阿兮，揽民德焉错辅。夫唯圣哲以茂行兮，苟得用此下土。"这正是希望楚怀王如尧舜，自评为皋陶，而用楚国力量统一天下。他迫切希望怀王"抚壮而弃秽"，"及前王之踵武"，"遵道而得路"，振兴国家。他以夏启、太康、后辛等整个华夏诸国所公认的历史上的昏君为鉴，用来劝导、指责怀王，这表明屈原的思想中是把楚国与整个中国紧紧联系起来，楚又拥有带甲百万、地广人众的条件，只要怀王能遵道得路，举贤授能，修明法度，楚国一定能够统一整个中国。

为了实现一统愿望，屈原确定了内外两条经国路线。对内，屈原提出了经营南方的策略，对外，屈原提出了联齐抗秦的战略，这两个战略都是为由楚国统一天下做准备的远见卓识。"经营南方同联齐抗秦是屈原对外战略上不可分割的两个重要方面。"赵逵夫先生在《屈原和他的时代》一书中，专辟一章即《淖滑灭越与屈原统一南方的政治主张》，通过史料分析与甄别，揭示了屈原经营南方的策略与一统思想的内涵、意义与历史背景，对屈原经营南方的策略予以高度评价："屈原在楚国所提出的方针，在当时乃是高于一般人之上的。楚国遏制秦国的发展，联齐、抗秦、吞并越国以首先统一南方，对楚国来说是最有力的策略。①"而楚国的发展事实也充分证明了这一点。楚国当时疆域虽广大，然其域内之蛮夷民族交错分布，蛮夷之国仅为楚之附庸，或被迫迁徙，时而叛之，控制力并不强，楚国实际控制力较强的区域也仅限于沿江、汉水一带和靠近中原的地方。屈原曾提出经营南方的主张，正是基于现实与未来战略考虑，但却未被采纳。考察《史记·楚世家》《战国策·楚策》，楚国吞并江汉诸国，又进而与中原各国对抗。郢破后，顷襄王退保于陈，考烈王又都于寿春，一步步靠近三晋、齐鲁之地，而未向南迁徙，最终灭国，说明楚国向南无所屏障，更以此反证屈原所倡导的经营南方策略的先见之明。

（二）屈原一统理想的考量。

屈原具有的一统理想，是源于对楚国历史的考量，也是对楚国现实以及未来的考量。

1. **楚国历史的考量。** 楚之先祖出自帝颛顼高阳氏。《史记·楚世家》说："楚之先祖出自帝颛顼高阳。高阳者，黄帝之孙，昌意之子也。②"《史记·五帝本纪》又说："帝颛顼高阳者，黄

---

① 《屈原和他的时代》，赵逵夫，人民文学出版社，1996 年，第 213-222 页。
② 《史记》卷四十，《楚世家第十》，司马迁，中华书局，2005 年，第 1387 页。

帝之孙而昌意之子也。① "因此，屈原在《离骚》中一开始就自称是：帝高阳之苗裔兮，朕皇考曰伯庸。楚国虽有荣光的渊源，但其发展历程却极其艰难。《史记·楚世家》中记载西周初期楚人领袖熊绎："当周成王之时，举文、武勤劳之后嗣，而封熊绎于楚蛮，封以子男之田，姓芈氏，居丹阳。②"《左传》昭公十二年："昔我先王熊绎，辟在荆山，筚路蓝缕，以处草莽。跋涉山川，以事天子。③"《左传》宣公十二年："楚自克庸以来，其君无日不讨国人而训之于民生之不易，祸至之无日，戒惧之不可以怠。在军，无日不讨军实而申儆于胜之不可保，纣之百克而卒无后。训之以若敖、蚡冒筚路蓝缕，以启山林。箴之曰：'民生在勤，勤则不匮'。④"《左传》两言"筚路蓝缕"，可见楚国在建国以后的相当长的时期，都过着艰苦奋斗的穷日子。与此过程中，楚国备受歧视，常被周人斥为南蛮加以剪伐，始终局促于汉水之南。面对周边各国存在的威胁，楚人振军经武，保持警惕，枕戈待旦，寻求内部稳定和对外发展，国势不断强大，到楚成王时已"楚地千里"。公元前 606 年，楚庄王竟问鼎于周室，代周而取天下之意昭著世人。应该说，这是楚人欲统天下的第一次明确表示。此后，在春秋战国之交，相继灭陈，灭蔡，后来又灭越，成为席卷南土、问鼎中原的极强盛的国家。楚国兼并的小国，有案可稽的，也在四五十个以上。"楚，天下之强国也。楚地西有黔中、巫郡，东有夏州、海阳，南有洞庭、苍梧。北有汾陉之塞、

---

① 《史记》卷一，《五帝本纪第一》，司马迁，中华书局，2005 年，第 9 页。
② 《史记》卷四十，《楚世家第十》，司马迁，中华书局，2005 年，第 1389 页。
③ 《左传译注》，李梦生，上海古籍出版社，2004 年，第 1032 页。
④ 《左传译注》，李梦生，上海古籍出版社，2004 年，第 4712 页。

郇阳，地方五千里。①"可见楚国已成为战国时代最大之国。

楚国由于受到中原各国的歧视，同时受到由小到大、由弱到强的历史发展影响，相对于中原，在政治、经济、外交、军事上有其特有的独立性。这样的历史使楚人形成了强烈的民族自豪感和强烈的民族忧患意识，而作为楚国统治阶层的楚怀王、屈原等拥有心怀天下、问鼎中原的意识，也是顺势而自然的事情。

2. **楚国现实的考量。**屈原希望由楚国来统一全中国，既是对楚国发展史的考量，也是基于现实的考量。至楚怀王前期，战国七雄中惟秦、楚、齐三国最强，其中秦与楚尤为强大。当时有合纵、连横两条路线，"横则秦帝，纵则楚王"。怀王十六年，由苏秦牵线山东六国联合攻秦，以楚国为首，楚怀王是"纵长"，说明当时楚国对秦国构成很大威胁。"张仪为秦破纵连横，说楚王曰：'凡天下强国，非秦而楚，非楚而秦。两国敌侔交争，其势不两立。'"这说明，当时秦与楚，作为当时的两个超级大国，已势同水火，不进则退，不统则亡，故步自封、祈求自保只能是灭亡，由谁来统一天下实际上就是事关国家生死攸关的事情。秦灭六国的结果已经验证了这一道理。同时，在当时诸侯国之间，楚国较之秦国有着较好的国际舆论氛围。楚国虽与秦国俱立国于夷狄之间，但当时中原诸国普遍认为秦是西方外族，称其为"虎狼之国"，对其予以排斥。《战国策·赵策三》说："彼秦者，弃礼义而上首功之国也，权使其士，虏使其民，彼则肆然而为帝，过而遂正于天下，则连有赴东海而死矣，无不忍为之民也。②"显然，六国共同对付秦国时，楚与中原各国的关系比秦与六国的关

---

① 《战国策笺证》刘向集录，范祥雍笺证，上海古籍出版社，2006 年，第 749 页。

② 《战国策笺证》卷二十，《赵三》，刘向集录，范祥雍笺证，上海古籍出版社，2006 年，第 1130 页。

系要亲密的多，楚怀王尝为六国之纵长即为明证。对此，屈原站得高、见得明。因此，屈原基于国家兴亡的前途考虑，对内力主变革，推行"美政"，经营南方，对外主张联齐抗秦，实际上就是要为楚国统一天下而准备足够的力量，体现了他的政治主张的进步性。姜书阁说："屈原主张由他的祖国楚来担负起统一的大任，而坚决反对经常与楚为敌并觊觎关东诸国土地财富的'虎狼之国'暴秦，则不仅是出于其爱祖国和爱祖国的人民的感情，也符合于广大的中国人民的长远利益，并亦无违于社会发展进程。①"这个结论是公允的。

3. 楚国未来的考量。天下，是"美政"的范围。屈原的"美政"理想，并非只是施"美政"于楚国，而要施"美政"于天下。屈原希望楚国富强起来，由楚国统一天下，施行美政。《离骚》说，维圣哲"用此下土"，就包含了"美政"以天下为范围的意思。王逸注："下土，天下也。"《大招》说得更具体明显："名声若日，照四海只。德誉配天，万民理只。北至幽陵，南交趾只。西薄羊肠，东穷海只。"可以说，屈原胸怀于天下，着眼于楚国未来的发展，有着超前的政治视野。

不能以成败论英雄。在历史的进程中，胜利者不一定就代表着进步，失败者亦不一定代表着落后。秦统一全国，靠的是严酷的杀戮，焚书坑儒式的残暴统治，从这一方面来说，都是对生产力的极大破坏，是历史的倒退。因此，秦统一局面时间短暂，只有 15 年。楚国未能统一全国而亡国，并不意味着屈原的以美政强国并一统江山的方略的落后。相反，秦国的短命亦可说从另一个侧面印证了屈原美政的进步性，而楚人灭秦建立的汉朝，轻徭

---

① 《屈原研究论集》，《人民诗人屈原的爱国主义思想》，姜书阁，长江文艺出版社，1983 年。

薄赋，政治清明，建立较为稳固的一统天下，西汉、东汉相加，时间长达 389 年，这也可以说是屈原美政理想在另一个时段的实现。"西汉政体承袭秦制，而政策法令则以富国便民为准，文化则基本继承了楚人的文化。可以说，历史绕了一个很大的圈子，回到了屈原所设想的'美政'与'一统'的结合上来。①"

综上所述，屈原精神的文化内涵至少包括了爱国精神、自觉精神、高贵的人格、美政理想、一统理想。屈原从青年时期所谓"受命不迁"以至于暮年虽遭遇跌宕却仍然秉持"鸟飞反故乡兮，狐死必首丘"，这种高尚的人格，表现了屈原对祖国坚贞不易决不放弃的精神。基于对自己祖国的热爱，屈原才会有"知死不可让，原勿爱兮"的铁肩担道义的自觉精神，其美政理想就是为了内求政治清明，希望楚国强大；外求一统天下，欲构建一个以楚国为核心的强大的大一统国家。在天下实施他的美政，惠及天下子民，此为其民生精神之目标。因此，屈原精神的五个构成部分，爱国精神是核心，是灵魂，是第一位的，起着统领的作用；美政理想、一统理想、自觉精神以及其高贵的人格都是依靠爱国精神而派生的，是第二位的，是爱国精神的具体体现，是对爱国精神的丰富和发展。

由此，屈原"虽死犹不死也"！

---

① 《屈原与他的时代》，赵逵夫，人民文学出版社，1996 年，第 243 页。

第七章　屈原辞甄录及简释

　　毋庸置疑，中国诗歌的源头是《诗经》，而中国诗人的元首则是屈原。屈原仆一诞生，就成为中国文学天空最为耀眼夺目的一颗巨星，所谓"与日月争光可也""逸响伟辞，卓绝一世"，其评价只有稍欠而更不为过。屈原身上撒发出的高尚人格和他荡人心魄的辞赋，对中国乃至世界的文化影响其至远、至深，罕有人比。盖其缘由，最核心的是屈原精神对世人的感召，而屈原的辞赋则是宣示他的精神的最主要载体，是后人研究屈原精神的最主要的载体。

　　屈原精神，无论爱国精神、自觉精神、高贵的人格、美政理想、一统理想，都是在屈原自青少年到中年到老年到自沉汨罗，整个一生的涵养和呈现，在其不同时期的作品呈现了不同的侧重点，基于前章所述和研究，笔者认为，要想较为准确的认识和理解屈原精神的不同侧面，很有必要按照时期的不同编辑其作品，大体形成以时间先后为线索的屈原辞甄录，这样有利于答疑解惑，准确理解屈原精神构成。

　　自汉刘向以来，古代传统的辑录本大多以"楚辞"为名结集，几乎没有以屈原辞为名辑录其作品，及至近现代也很少，大多沿袭传统，以"楚辞选评"、"楚辞选注"为名进行研究，金开成是少数中的知名学者，他的著作《屈原辞研究》就鲜明提出了"屈原辞"这一称呼，但由于这本书是金先生在讲授《楚辞研究》专题课的基础上写成的，所以书之首章写关于楚辞的话题，次写屈原本人及其主要作品，在此基础上，最后一章以"屈原辞综论"为名进行著述，虽然金先生并没有刻意区分楚辞和屈原辞，但都是近现代较鲜明提出"屈原辞"称谓的学者，对以屈原作品研究屈原指明了方向。

按照汤炳正、金开成、褚斌杰、赵逵夫等知名学者的研究观点，今天流行的《楚辞》辑本最早是刘向编辑，后经不断增减，至王逸辑录成《楚辞章句》25 篇，成为以后较为固定的流行集本。王逸《楚辞章句》的篇次如下：

离骚	第一	渔父	第七	七谏	第十三
九歌	第二	九辩	第八	哀时命	第十四
天问	第三	招魂	第九	九怀	第十五
九章	第四	大招	第十	九叹	第十六
远游	第五	惜誓	第十一	九思	第十七
卜居	第六	招隐士	第十二		

从王逸的楚辞辑录可以看出，其篇次是大体按照屈原的年代先后排列的，这也是宋代以来楚辞辑录的一个标准，但王逸辑录的不足之处在于，他把屈原作品均列为放逐之后所作，对屈原放逐前后的作品没有加以甄别，对屈原离京前后的作品没加甄别，对屈原成长前后的作品没加甄别。

刘勰对楚辞的辑录有自己的看法，《文心雕龙·辨骚》中有这样一段话：

故《骚经》《九章》,朗丽以哀志;《九歌》《九辩》,绮靡以
伤情;《远游》《天问》,怀诡而惠巧;《招魂》《大招》,耀艳而
深华;《卜居》标放言之致,《渔父》寄独任之才。故能气往轹
古,辞来切今,惊采绝艳,难与并能矣。自《九怀》已下,遽蹑
其迹,而屈、宋逸步,莫之能追。

从上文可以很明显看出,刘勰不是按照时间先后辑录楚辞,
而是以艺术风格来编辑,凡从文学角度研究楚辞来说,这一标准
是有必要的。

实际上,从刘向开始至今,无论采取哪种辑录标准,都与
楚辞不同的研究方向一致。但无论怎么辑录,专门辑录屈原辞
作的本子却很少,而笔者认为,一个人的精神育成史是以时间
为经的,从发育到发展到成熟,因时期不同而呈现不同的内涵
和特点,要想研究屈原精神,由于屈原本人史料的匮乏,一是
必须下工夫研读屈原本人的辞赋作品,读原著方能知原味;二
是必须沿着屈原作品产生的大体时代先后去研究和触摸屈原精
神的脉搏,才能理解不同的作品显示出的不同意指,以一点一
滴的理解最终汇聚,显现出屈原精神的全貌,方能真正理解屈
原的行为、屈原的内心世界,才能做"知我者",而非"不知
我者"。若如是,不独屈原精神内涵能够不断丰富发展,而且
屈原精神的传播和继承会更加深远和宏大,则"九畹之兰"蔚
然华夏,"百亩之蕙"香溢九州,至此,屈原精神研究的目的
也就达到了。

正是基于以上认识和对屈原精神的研读,笔者在此书的结尾
处,按照屈原青少年时代、受重用时期、被楚怀王贬官赋闲京都
时期、被楚怀王贬官外放时期、屈原被楚顷襄王罢官放逐时期五
个时期,甄录屈原辞赋共23篇。篇次如下表:

青少年时代	受重用时期	被楚怀王贬官赋闲京都时期	被楚怀王贬官外放时期	屈原被楚顷襄王罢官放逐时期
橘颂	东皇太一	惜诵	思美人	涉江
	云中君	离骚	抽思	招魂
	湘君			哀郢
	湘夫人			悲回风
	大司命			惜往日
	少司命			天问
	东君			怀沙
	河伯			
	山鬼			
	国殇			
	礼魂			

　　凡是历代不能确证为屈原原作的，不在辑录之内，而历代辑录集本中辑录者如刘向、王逸、王夫之等流自作附录的作品，亦不辑录在册。按照王逸依时代先后辑录的标准，参照知名学者金开成、褚斌杰的分析和观点，笔者不揣冒昧，打乱楚辞一般的辑录顺序，将屈原辞作 23 篇予以甄录，诸如《远游》《卜居》《渔父》等篇目，无论从表陈内容、方式、口吻乃至艺术风格，自古以来皆有疑伪，在此不作辑录。其中，笔者之所以将《九歌》11篇列为屈原受重用时期作品，是因为笔者认为，历代学者特别是王逸在《楚辞章句．九歌序》中说："屈原放逐，窜伏其域，怀忧苦毒愁思沸郁，出见俗人祭祀之礼，歌舞之乐，其词鄙陋，因为作《九歌》之曲。上陈事神之敬，下见已之冤结，托之以风谏，故其文意不同章句杂错，而广异义焉。"很明显，王逸的观点是《九歌》作于屈原被放逐之后，以后的学者深受这一结论影响，无论有多少集本，大都将《九歌》作为屈原被疏或者被放逐

之后的作品来对待。但笔者综合历代学者见解,分析《九歌》辞藻、内容、形式以及屈原被疏、被放逐的作品所反映出的主旨、情绪,认为有这样几个依据可以界定《九歌》是屈原受重用时期作品:一是《九歌》虽公认为祭祀歌舞,但从内容到形式上来看,娱乐性非常明显,大都充满生动而轻松活泼的气氛,没有诉冤和讽谏的痕迹;而屈原被放逐之后的作品,基本的主调都是悲怆性的忧国忧民忧君,何谈娱乐?二是《九歌》历代均认可它是用于国家的祭祀典礼,是由国君信赖的、熟悉典礼的大臣掌管,一个失去国君信赖特别是被贬官、被放逐的人怎么可能执掌国家大典?三是屈原在受重用时期,先是任"余既滋兰之九畹兮,又树蕙.之百亩"的三闾大夫,教育并培养楚国贵族子弟和人才,后任"入则与王图议国事""出则应对诸侯"的左徒,在崇尚祭祀歌舞之典的楚国,作为担任育人之职和外交之职的屈原,熟悉祭祀国典、礼仪是必备素能;而且屈原有很高的文学素养,善于诗歌创作,而此时屈原正处于重要官位,国君信任,又《九歌》是楚国朝廷钦定祭祀典礼,一般人是不能对其进行改动的,而屈原这些条件都具备,所以屈原对《九歌》进行改编创作正当其时。其余作品的创作时间,由于非本著作研究重点,在此不做一一赘述,大约按其时间先后甄别辑录,以方便读者研读屈原辞之原貌而窥其斑豹。

一、青少年时代

(一) 橘 颂

后皇嘉树,橘徕服兮。

受命不迁,生南国兮。

深固难徙,更壹志兮。

绿叶素荣，纷其可喜兮。

曾枝剡棘，圆果抟兮。

青黄杂糅，文章烂兮。

精色内白，类任道兮。

纷缊宜修，姱而不丑兮。

嗟尔幼志，有以异兮。

独立不迁，岂不可喜兮？

深固难徙，廓其无求兮。

苏世独立，横而不流兮。

闭心自慎，终不失过兮。

秉德无私，参天地兮。

愿岁并谢，与长友兮。

淑离不淫，梗其有理兮。

年岁虽少，可师长兮。

行比伯夷，置以为像兮。

二、受重用时期

（二）东皇太一

吉日兮辰良，穆将愉兮上皇。

抚长剑兮玉珥，璆锵鸣兮琳琅。

瑶席兮玉瑱，盍将把兮琼芳。

蕙肴蒸兮兰藉，奠桂酒兮椒浆。

扬枹兮拊鼓，疏缓节兮安歌。

　　　　　　陈竽瑟兮浩倡。

灵偃蹇兮姣服，芳菲菲兮满堂。

五音纷兮繁会，君欣欣兮乐康。

（三）云中君

浴兰汤兮沐芳，华采衣兮若英。

灵连蜷兮既留，烂昭昭兮未央。

蹇将憺兮寿宫，与日月兮齐光。

龙驾兮帝服，聊翱游兮周章。

灵皇皇兮既降，猋远举兮云中。

览冀州兮有余，横四海兮焉穷。

思夫君兮太息，极劳心兮忡忡。

（四）湘　君

君不行兮夷犹，蹇谁留兮中洲？

美要眇兮宜修，沛吾乘兮桂舟。

令沅湘兮无波，使江水兮安流！

望夫君兮未来，吹参差兮谁思？

驾飞龙兮北征，邅吾道兮洞庭。

薜荔柏兮蕙绸，荪桡兮兰旌。

望涔阳兮极浦，横大江兮扬灵。

扬灵兮未极，女婵媛兮为余太息。

横流涕兮潺湲，隐思君兮陫侧。

桂棹兮兰枻，斲冰兮积雪。

采薜荔兮水中，搴芙蓉兮木末。

心不同兮媒劳，恩不甚兮轻绝。

石濑兮浅浅，飞龙兮翩翩。

交不忠兮怨长，期不信兮告余以不闲。

鼂骋骛兮江皋，夕弭节兮北渚。

鸟次兮屋上，水周兮堂下。

捐余玦兮江中，遗余佩兮澧浦。

采芳兮杜若，将以遗兮下女。

时不可兮再得，聊逍遥兮容与。

（五）湘夫人

帝子降兮北渚，目眇眇兮愁予。

嫋嫋兮秋风，洞庭波兮木叶下。

登白蘋兮骋望，与佳期兮夕张。

鸟何萃兮蘋中，罾何为兮木上。

沅有茝兮澧有兰，思公子兮未敢言。

荒忽兮远望，观流水兮潺湲。

麋何食兮庭中？蛟何为兮水裔？

朝驰余马兮江皋，夕济兮西澨。

闻佳人兮召予，将腾驾兮偕逝。

筑室兮水中，葺之兮荷盖。

荪壁兮紫坛，播芳椒兮成堂。

桂栋兮兰橑，辛夷楣兮药房。

罔薜荔兮为帷，擗蕙櫋兮既张。

白玉兮为镇，疏石兰兮为芳。

芷葺兮荷屋，缭之兮杜衡。

合百草兮实庭，建芳馨兮庑门。

九嶷缤兮并迎，灵之来兮如云。

捐余袂兮江中，遗余褋兮澧浦。

搴汀洲兮杜若，将以遗兮远者。

时不可兮骤得，聊逍遥兮容与！

（六）大司命

广开兮天门，纷吾乘兮玄云。

令飘风兮先驱，使涷雨兮洒尘。

君回翔兮以下，踰空桑兮从女。

纷总总兮九州，何寿夭兮在予。

高飞兮安翔，乘清气兮御阴阳。

吾与君兮齐速，导帝之兮九阬。

灵衣兮被被，玉佩兮陆离。

一阴兮一阳，众莫知兮余所为。

折疏麻兮瑶华，将以遗兮离居。

老冉冉兮既极，不寖近兮愈疏。

乘龙兮辚辚，高驰兮冲天。

结桂枝兮延伫，羌愈思兮愁人。

愁人兮奈何，愿若今兮无亏。

固人命兮有当，孰离合兮何为？

（七）少司命

秋兰兮麋芜，罗生兮堂下。

绿叶兮素华，芳菲菲兮袭予。

夫人兮自有美子，荪何以兮愁苦！

秋兰兮青青，绿叶兮紫茎。

满堂兮美人，忽独与余兮目成。

入不言兮出不辞，乘回风兮载云旗。

悲莫悲兮生别离，乐莫乐兮新相知。

荷衣兮蕙带，倏而来兮忽而逝。

夕宿兮帝郊，君谁须兮云之际。

与女沐兮咸池，晞女发兮阳之阿。

望美人兮未来，临风恍兮浩歌。

孔盖兮翠旌，登九天兮抚慧星。

竦长剑兮拥幼艾，荪独宜兮为民正。

（八）东 君

暾将出兮东方，照吾槛兮扶桑。

抚余马兮安驱，夜皎皎兮既明。

驾龙辀兮乘雷，载云旗兮委蛇。

长太息兮将上，心低徊兮顾怀。

羌声色兮娱人，观者憺兮忘归。

緪瑟兮交鼓，箫钟兮瑶簴。

鸣篪兮吹竽，思灵保兮贤姱。

翾飞兮翠曾，展诗兮会舞。

应律兮合节，灵之来兮蔽日。

青云衣兮白霓裳，举长矢兮射天狼。

操余弧兮反沦降，援北斗兮酌桂浆。

撰余辔兮高驰翔，杳冥冥兮以东行。

（九）河 伯

与女游兮九河，冲风起兮横波。

乘水车兮荷盖，驾两龙兮骖螭。

登昆仑兮四望，心飞扬兮浩荡。

日将暮兮怅忘归，惟极浦兮寤怀。

鱼鳞屋兮龙堂，紫贝阙兮珠宫。

灵何惟兮水中？

乘白鼋兮逐文鱼，与女游兮河之渚。

流澌纷兮将来下。

子交手兮东行，送美人兮南浦。

波滔滔兮来迎，鱼鳞鳞兮媵予。

（十）山　鬼

若有人兮山之阿，被薜荔兮带女萝。

既含睇兮又宜笑，子慕予兮善窈窕。

乘赤豹兮从文狸，辛夷车兮结桂旗。

被石兰兮带杜衡，折芳馨兮遗所思。

余处幽篁兮终不见天，路险难兮独后来。

表独立兮山之上，云容容兮而在下。

杳冥冥兮羌昼晦，东风飘兮神灵雨。

留灵修兮憺忘归，岁既晏兮孰华予。

采三秀兮于山间，石磊磊兮葛蔓蔓。

怨公子兮怅忘归，君思我兮不得闲。

山中人兮芳杜若，饮石泉兮荫松柏。

　　　　　　君思我兮然疑作。

雷填填兮雨冥冥，猨啾啾兮狖夜鸣。

风飒飒兮木萧萧，思公子兮徒离忧。

（十一）国　殇

操吴戈兮被犀甲，车错毂兮短兵接。

旌蔽日兮敌若云，矢交坠兮士争先。

凌余阵兮躐余行，左骖殪兮右刃伤。

霾两轮兮絷四马，援玉枹兮击鸣鼓。

天时坠兮威灵怒，严杀尽兮弃原野。

出不入兮往不反，平原忽兮路超远。

带长剑兮挟秦弓，首身离兮心不惩。

诚既勇兮又以武，终刚强兮不可凌。

身既死兮神以灵，魂魄毅兮为鬼雄！

（十二）礼　魂

成礼兮会鼓，

传芭兮代舞。

姱女倡兮容与，

春兰兮秋菊，

长无绝兮终古！

三、被楚怀王贬官赋闲京都时期

（十三）惜　诵

惜诵以致愍兮，发愤以抒情。

所作忠而言之兮，指苍天以为正。

令五帝以折中兮，戒六神与向服。

俾山川以备御兮，命咎繇使听直。

竭忠诚以事君兮，反离群而赘肬。

忘儇媚以背众兮，待明君其知之。

言与行其可迹兮，情与貌其不变。

故相臣莫若君兮，所以证之不远。

吾谊先君而后身兮，羌众人之所仇也。

专惟君而无他兮，又众兆之所雠也。

壹心而不豫兮，羌不可保也。

疾亲君而无他兮，有招祸之道也。

思君其莫我忠兮，忽忘身之贱贫。

事君而不贰兮，迷不知宠之门。

忠何罪以遇罚兮，亦非余心之所志。

行不群以巅越兮，又众兆之所咍。

纷逢尤以离谤兮，謇不可释。

情沉抑而不达兮，又蔽而莫之白。

心郁邑余侘傺兮，又莫察余之中情。

固烦言不可结而诒兮，愿陈志而无路。

退静默而莫余知兮，进号呼又莫吾闻。

申侘傺之烦惑兮，中闷瞀之忳忳。

昔余梦登天兮，魂中道而无杭。

吾使厉神占之兮，曰有志极而无旁。

终危独以离异兮，曰君可思而不可恃。

故众口其铄金兮，初若是而逢殆。

惩于羹者而吹兮，何不变此志也？

欲释阶而登天兮，犹有曩之态也。

众骇遽以离心兮，又何以为此伴也？

同极而异路兮，又何以为此援也？

晋申生之孝子兮，父信谗而不好。

行婞直而不豫兮，鲧功用而不就。

吾闻作忠以造怨兮，忽谓之过言。

九折臂而成医兮，吾至今而知其信然。

矰弋机而在上兮，罻罗张而在下。

设张辟以娱君兮，愿侧身而无所。

欲儃佪以干傺兮，恐重患而离尤。

欲高飞而远集兮，君罔谓女何之？

欲横奔而失路兮，坚志而不忍。

背膺牉以交痛兮，心郁结而纡轸。

梼木兰以矫蕙兮，虀申椒以为粮。

播江离与滋菊兮，愿春日以为糗芳。

恐情质之不信兮，故重著以自明。

矫兹媚以私处兮，愿曾思而远身。

（十四）离　骚

帝高阳之苗裔兮，朕皇考曰伯庸。

摄提贞于孟陬兮，惟庚寅吾以降。

皇览揆余初度兮，肇锡余以嘉名。

名余曰正则兮，字余曰灵均。

纷吾既有此内美兮，又重之以修能。

扈江离与辟芷兮，纫秋兰以为佩。

汩余若将不及兮，恐年岁之不吾与。

朝搴阰之木兰兮，夕揽洲之宿莽。

日月忽其不淹兮，春与秋其代序。

唯草木之零落兮，恐美人之迟暮。

不抚壮而弃秽兮，何不改乎此度？

乘骐骥以驰骋兮，来吾道夫先路！

昔三后之纯粹兮，固众芳之所在。

杂申椒与菌桂兮，岂惟纫夫蕙茞！

彼尧舜之耿介兮，既遵道而得路。

何桀纣之猖披兮，夫惟捷径以窘步。

惟夫党人之偷乐兮，路幽昧以险隘。

岂余身之惮殃兮，恐皇舆之败绩。

忽奔走以先后兮，及前王之踵武。

荃不察余之中情兮，反信谗而齌怒。

余固知謇謇之为患兮，忍而不能舍也。

指九天以为正兮，夫惟灵修之故也。

曰黄昏以为期兮，羌中道而改路。

初既与余成言兮，后悔遁而有他。

余既不难夫离别兮，伤灵修之数化。

余既滋兰之九畹兮，又树蕙之百亩。

畦留夷与揭车兮，杂杜衡与芳芷。

冀枝叶之峻茂兮，愿竢时乎吾将刈。

虽萎绝其亦何伤兮，哀众芳之芜秽。

众皆竞进以贪婪兮，凭不厌乎求索。

羌内恕己以量人兮，各兴心而嫉妒。

忽驰骛以追逐兮，非余心之所急。

老冉冉其将至兮，恐修名之不立。

朝饮木兰之坠露兮，夕餐秋菊之落英。

苟余情其信姱以练要兮，长顑颔亦何伤。

擥木根以结茝兮，贯薜荔之落蕊。

矫菌桂以纫蕙兮，索胡绳之纚纚。

謇吾法夫前修兮，非世俗之所服。

虽不周于今之人兮，愿依彭咸之遗则。

长太息以掩涕兮，哀民生之多艰。

余虽好修姱以鞿羁兮，謇朝谇而夕替。

既替余以蕙纕兮，又申之以揽茝。

亦余心之所善兮，虽九死其犹未悔。

怨灵修之浩荡兮，终不察夫民心。

众女嫉余之蛾眉兮，谣诼谓余以善淫。

固时俗之工巧兮，偭规矩而改错。

背绳墨以追曲兮，竞周容以为度。

忳郁邑余侘傺兮，吾独穷困乎此时也。

宁溘死以流亡兮，余不忍为此态也。

鸷鸟之不群兮，自前世而固然。

何方圜之能周兮，夫孰异道而相安？

屈心而抑志兮，忍尤而攘诟。

伏清白以死直兮，固前圣之所厚。

悔相道之不察兮，延伫乎吾将反。

回朕车以复路兮，及行迷之未远。

步余马于兰皋兮，驰椒丘且焉止息。

进不入以离尤兮，退将复修吾初服。

制芰荷以为衣兮，集芙蓉以为裳。

不吾知其亦已兮，苟余情其信芳。

高余冠之岌岌兮，长余佩之陆离。

芳与泽其杂糅兮，唯昭质其犹未亏。

忽反顾以游目兮，将往观乎四荒。

佩缤纷其繁饰兮，芳菲菲其弥章。

民生各有所乐兮，余独好修以为常。

虽体解吾犹未变兮，岂余心之可惩。

女媭之婵媛兮，申申其詈余。

曰："鲧婞直以亡身兮，终然殀乎羽之野。

汝何博謇而好修兮，纷独有此姱节？

薋菉葹以盈室兮，判独离而不服。

众不可户说兮，孰云察余之中情。

世并举而好朋兮，夫何茕独而不予听？

依前圣以节中兮，喟凭心而历兹。

济沅湘以南征兮，就重华而陈词：

启《九辩》与《九歌》兮，夏康娱以自纵。

不顾难以图后兮，五子用失乎家巷。

羿淫游以佚畋兮，又好射夫封狐。

固乱流其鲜终兮，浞又贪夫厥家。

浇身被服强圉兮，纵欲而不忍。

日康娱而自忘兮，厥首用夫颠陨。

夏桀之常违兮，乃遂焉而逢殃。

后辛之菹醢兮，殷宗用而不长。

汤禹俨而祗敬兮，周论道而莫差。

举贤才而授能兮，循绳墨而不颇。

皇天无私阿兮，览民德焉错辅。

夫维圣哲以茂行兮，苟得用此下土。

瞻前而顾后兮，相观民之计极。

夫孰非义而可用兮，孰非善而可服？

阽余身而危死兮，览余初其犹未悔。

不量凿而正枘兮，固前修以菹醢。

曾歔欷余郁邑兮，哀朕时之不当。

揽茹蕙以掩涕兮，沾余襟之浪浪。

跪敷衽以陈辞兮，耿吾既得此中正。

驷玉虬以乘鹥兮，溘埃风余上征。

朝发轫于苍梧兮，夕余至乎县圃。

欲少留此灵琐兮，日忽忽其将暮。

吾令羲和弭节兮，望崦嵫而勿迫。

路漫漫其修远兮，吾将上下而求索。

饮余马于咸池兮，总余辔乎扶桑。

折若木以拂日兮，聊逍遥以相羊。

前望舒使先驱兮，后飞廉使奔属。

鸾皇为余先戒兮，雷师告余以未具。

吾令凤鸟飞腾兮，继之以日夜。

飘风屯其相离兮，帅云霓而来御。
纷总总其离合兮，斑陆离其上下。
吾令帝阍开关兮，倚阊阖而望予。
时暧暧其将罢兮，结幽兰而延伫。
世溷浊而不分兮，好蔽美而嫉妒。
朝吾将济于白水兮，登阆风而绁马。
忽反顾以流涕兮，哀高丘之无女。
溘吾游此春宫兮，折琼枝以继佩。
及荣华之未落兮，相下女之可诒。
吾令丰隆乘云兮，求宓妃之所在。
解佩纕以结言兮，吾令謇修以为理。
纷总总其离合兮，忽纬繣其难迁。
夕归次于穷石兮，朝濯发乎洧盘。
保厥美以骄傲兮，日康娱以淫游。
虽信美而无礼兮，来违弃而改求。
览相观于四极兮，周流乎天余乃下。
望瑶台之偃蹇兮，见有娀之佚女。
吾令鸩为媒兮，鸩告余以不好。
雄鸩之鸣逝兮，余犹恶其佻巧。
心犹豫而狐疑兮，欲自适而不可。
凤皇既受诒兮，恐高辛之先我。
欲远集而无所止兮，聊浮游以逍遥。
及少康之未家兮，留有虞之二姚。
理弱而媒拙兮，恐导言之不固。
世溷浊而嫉贤兮，好蔽美而称恶。
闺中既以邃远兮，哲王又不寤。
怀朕情而不发兮，余焉能忍而与此终古？

索藑茅以筳篿兮，命灵氛为余占之。
曰："两美其必合兮，孰信修而慕之？
思九州之博大兮，岂惟是其有女？"
曰："勉远逝而无狐疑兮，孰求美而释女？
何所独无芳草兮，尔何怀乎故宇？"
世幽昧以眩曜兮，孰云察余之善恶？
民好恶其不同兮，惟此党人其独异！
户服艾以盈要兮，谓幽兰其不可佩。
览察草木其犹未得兮，岂珵美之能当？
苏粪壤以充帏兮，谓申椒其不芳。
欲从灵氛之吉占兮，心犹豫而狐疑。
巫咸将夕降兮，怀椒糈而要之。
百神翳其备降兮，九疑缤其并迎。
皇剡剡其扬灵兮，告余以吉故。
曰："勉升降以上下兮，求矩矱之所同。
汤禹俨而求合兮，挚咎繇而能调。
苟中情其好修兮，又何必用夫行媒。
说操筑于傅岩兮，武丁用而不疑。
吕望之鼓刀兮，遭周文而得举。
宁戚之讴歌兮，齐桓闻以该辅。
及年岁之未晏兮，时亦犹其未央。
恐鹈鴂之先鸣兮，使夫百草为之不芳。"
何琼佩之偃蹇兮，众薆然而蔽之。
惟此党人之不谅兮，恐嫉妒而折之。
时缤纷其变易兮，又何可以淹留？
兰芷变而不芳兮，荃蕙化而为茅。
何昔日之芳草兮，今直为此萧艾也？

岂其有他故兮，莫好修之害也！

余以兰为可恃兮，羌无实而容长。

委厥美以从俗兮，苟得列乎众芳。

椒专佞以慢慆兮，樧又欲充夫佩帏。

既干进而务入兮，又何芳之能祗？

固时俗之流从兮，又孰能无变化？

览椒兰其若兹兮，又况揭车与江离？

惟兹佩之可贵兮，委厥美而历兹。

芳菲菲而难亏兮，芬至今犹未沫。

和调度以自娱兮，聊浮游而求女。

及余饰之方壮兮，周流观乎上下。

灵氛既告余以吉占兮，历吉日乎吾将行。

折琼枝以为羞兮，精琼爢以为粮。

为余驾飞龙兮，杂瑶象以为车。

何离心之可同兮？吾将远逝以自疏。

邅吾道夫昆仑兮，路修远以周流。

扬云霓之晻蔼兮，鸣玉鸾之啾啾。

朝发轫于天津兮，夕余至乎西极。

凤皇翼其承旂兮，高翱翔之翼翼。

忽吾行此流沙兮，遵赤水而容与。

麾蛟龙使梁津兮，诏西皇使涉予。

路修远以多艰兮，腾众车使径待。

路不周以左转兮，指西海以为期。

屯余车其千乘兮，齐玉轪而并驰。

驾八龙之婉婉兮，载云旗之委蛇。

抑志而弭节兮，神高驰之邈邈。

奏《九歌》而舞《韶》兮，聊假日以婾乐。

陟陞皇之赫戏兮，忽临睨夫旧乡。

仆夫悲余马怀兮，蜷局顾而不行。

乱曰：已矣哉！

国无人莫我知兮，又何怀乎故都！

既莫足与为美政兮，吾将从彭咸之所居！

四、被楚怀王贬官外放时期

（十五）思美人

思美人兮，揽涕而伫眙。

媒绝路阻兮，言不可结而诒。

蹇蹇之烦冤兮，陷滞而不发。

申旦以舒中情兮，志沉菀而莫达。

原寄言于浮云兮，遇丰隆而不将。

因归鸟而致辞兮，羌迅高而难当。

高辛之灵晟兮，遭玄鸟而致诒。

欲变节以从俗兮，媿易初而屈志。

独历年而离愍兮，羌冯心犹未化。

宁隐闵而寿考兮，何变易之可为。

知前辙之不遂兮，未改此度。

车既覆而马颠兮，蹇独怀此异路。

勒骐骥而更驾兮，造父为我操之。

迁逡次而勿驱兮，聊假日以须时。

指嶓冢之西隈兮，与纁黄以为期。

开春发岁兮，白日出之悠悠。

吾将荡志而愉乐兮，遵江夏以娱忧。

揽大薄之芳茝兮，搴长洲之宿莽。

惜吾不及古人兮，吾谁与玩此芳草。

解萹薄与杂菜兮，备以为交佩。

佩缤纷以缭转兮，遂萎绝而离异。

吾且僵佪以娱忧兮，观南人之变态。

窃快在其中心兮，扬厥凭而不俟。

芳与泽其杂糅兮，羌芳华自中出。

纷郁郁其远蒸兮，满内而外扬。

情与质信可保兮，羌居蔽而闻章。

令薜荔以为理兮，惮举趾而缘木。

因芙蓉而为媒兮，惮褰裳而濡足。

登高吾不说兮，入下吾不能。

固朕形之不服兮，然容与而狐疑。

广遂前画兮，未改此度也。

命则处幽吾将罢兮，愿及白日之未暮也。

独茕茕而南行兮，思彭咸之故也。

（十六）抽　思

心郁郁之忧思兮，独永叹乎增伤。

思蹇产之不释兮，曼遭夜之方长。

悲秋风之动容兮，何回极之浮浮！

数惟荪之多怒兮，伤余心之忧忧。

原摇起而横奔兮，览民尤以自镇。

结微情以陈辞兮，矫以遗夫美人。

昔君与我成言兮，曰黄昏以为期。

羌中道而回畔兮，反既有此他志。

憍吾以其美好兮，览余以其修姱。

与余言而不信兮，盖为余而造怒。

原承闻而自察兮，心震悼而不敢。

悲夷犹而冀进兮，心怛伤之憺憺。

兹历情以陈辞兮，荪详聋而不闻。

固切人之不媚兮，众果以我为患。

初吾所陈之耿著兮，岂不至今其庸亡。

何独乐斯之蹇蹇兮，愿荪美之可完。

望三五以为像兮，指彭咸以为仪。

夫何极而不至兮，故远闻而难亏。

善不由外来兮，名不可以虚作。

孰无施而有报兮，孰不实而有穫？

少歌曰：

与美人抽怨兮，并日夜而无正。

憍吾以其美好兮，敖朕辞而不听。

倡曰：

有鸟自南兮，来集汉北。

好姱佳丽兮，胖独处此异域。

既惸独而不群兮，又无良媒在其侧。

道逴远而日忘兮，愿自申而不得。

望北山而流涕兮，临流水而太息。

望孟夏之短夜兮，何晦明之若岁。

惟郢路之辽远兮，魂一夕而九逝。

曾不知路之曲直兮，南指月与列星。

原径逝而不得兮，魂识路之营营。

何灵魂之信直兮，人之心不与吾心同！

理弱而媒不通兮，尚不知余之从容。

乱曰：

长濑湍流，泝江潭兮。

134

狂顾南行，聊以娱心兮。

轸石崴嵬，蹇吾愿兮。

超回志度，行隐进兮。

低徊夷犹，宿北姑兮。

烦冤瞀容，实沛徂兮。

愁叹苦神，灵遥思兮。

路远处幽，又无行媒兮。

道思作颂，聊以自救兮。

忧心不遂，斯言谁告兮！

五、被楚顷襄王罢官放逐时期

（十七）涉 江

余幼好此奇服兮，年既老而不衰。

带长铗之陆离兮，冠切云之崔嵬。

被明月兮佩宝璐，登昆仑兮食玉英。①

世溷浊而莫余知兮，吾方高驰而不顾。

驾青虬兮骖白螭，吾与重华游兮瑶之圃。

与天地兮同寿，与日月兮同光。

哀南夷之莫吾知兮，旦余将济乎江湘。

乘鄂渚而反顾兮，欸秋冬之绪风

步余马兮山皋，邸余车兮方林。

乘舲船余上沅兮，齐吴榜以击汰。

船容与而不进兮，淹回水而疑滞。

朝发枉陼兮，夕宿辰阳。

苟余心其端直兮，虽僻远之何伤。

入溆浦余儃徊兮，迷不知吾所如。

深林杳以冥冥兮，乃猿狖之所居。

山峻高以蔽日兮，下幽晦以多雨。

霰雪纷其无垠兮，云霏霏而承宇。

哀吾生之无乐兮，幽独处乎山中。

吾不能变心而从俗兮，固将愁苦而终穷。

接舆髡首兮，桑扈裸行。

忠不必用兮，贤不必以。

伍子逢殃兮，比干菹醢。

与前世而皆然兮，吾又何怨乎今之人！

余将董道而不豫兮，固将重昏而终身！

乱曰：鸾鸟凤皇，日以远兮。

燕雀乌鹊，巢堂坛兮。

露申辛夷，死林薄兮。

腥臊并御，芳不得薄兮。

阴阳易位，时不当兮。

怀信侘傺，忽乎吾将行兮！

　　注：①"被明月兮佩宝璐"与"登昆仑兮食玉英"两句笔者
疑为错简，"被明月兮佩宝璐"句在"带长铗之陆离兮，冠切云
之崔嵬"与"世溷浊而莫余知兮，吾方高驰而不顾"之间单列，
而"登昆仑兮食玉英"句在"驾青虬兮骖白螭，吾与重华游兮瑶
之圃"与"与天地兮同寿，与日月兮同光"之间单列，与前后文
行文句式、节奏不合，而两句放在一处，则对仗工整，既符合该
辞韵律，亦合上下句式意思之连贯，故笔者将其调整合在一处，
以便于读者研读。

(十八) 招　魂

朕幼清以廉洁兮，身服义而未沫。
主此盛德兮，牵于俗而芜秽。
上无所考此盛德兮，长离殃而愁苦。
帝告巫阳曰：
"有人在下，我欲辅之。
魂魄离散，汝筮予之。"
巫阳对曰：
"掌梦！上帝命其难从；若必筮予之，
恐后之谢，不能复用。"
巫阳焉乃下招曰：
魂兮归来！
去君之恒干，何为四方些？
舍君之乐处，而离彼不祥些！
魂兮归来！
东方不可以讬些！
长人千仞，惟魂是索些。
十日代出，流金铄石些。
彼皆习之，魂往必释些。
归来兮！不可以讬些。
魂兮归来！
南方不可以止些！
雕题黑齿，得人肉以祀，以其骨为醢些。
蝮蛇蓁蓁，封狐千里些。
雄虺九首，往来倏忽，吞人以益其心些。
归来兮！不可以久淫些！

137

魂兮归来!

西方之害,流沙千里些。

旋入雷渊,麋散而不可止些。

幸而得脱,其外旷宇些。

赤蚁若象,玄蜂若壶些。

五谷不生,丛菅是食些。

其土烂人,求水无所得些。

彷徉无所倚,广大无所极些。

归来兮!恐自遗贼些。

魂兮归来!

北方不可以止些!

增冰峨峨,飞雪千里些。

归来兮!不可以久些。

魂兮归来!

君无上天些。

虎豹九关,啄害下人些。

一夫九首,拔木九千些。

豺狼从目,往来侁侁些。

悬人以嬉,投之深渊些。

致命于帝,然后得瞑些。

归来兮!往恐危身些。

魂兮归来!

君无下此幽都些。

土伯九约,其角觺觺些。

敦脄血拇,逐人駓駓些。

参目虎首,其身若牛些。

此皆甘人。

归来兮！恐自遗灾些。

魂兮归来！入修门些！

工祝招君，背行先些。

秦篝齐缕，郑绵络些。

招具该备，永啸呼些。

魂兮归来！反故居些。

天地四方，多贼奸些。

像设君室，静闲安些。

高堂邃宇，槛层轩些。

层台累榭，临高山些。

网户朱缀，刻方连些。

冬有突厦，夏室寒些。

川谷径复，流潺湲些。

光风转蕙，氾崇兰些。

经堂入奥，朱尘筵些。

砥室翠翘，挂曲琼些。

翡翠珠被，烂齐光些。

蒻阿拂壁，罗帱张些。

纂组绮缟，结琦璜些。

室中之观，多珍怪些。

兰膏明烛，华容备些。

二八侍宿，射递代些。

九侯淑女，多迅众些。

盛鬋不同制，实满宫些。

容态好比，顺弥代些。

弱颜固植，謇其有意些。

姱容修态，絙洞房些。

蛾眉曼睩，目腾光些。

靡颜腻理，遗视矊些。

离榭修幕，侍君之闲些。

翡帷翠帐，饰高堂些。

红壁沙版，玄玉梁些。

仰观刻桷，画龙蛇些。

坐堂伏槛，临曲池些。

芙蓉始发，杂芰荷些。

紫茎屏风，文缘波些。

文异豹饰，侍陂陁些。

轩辌既低，步骑罗些。

兰薄户树，琼木篱些。

魂兮归来！何远为些？

室家遂宗，食多方些。

稻粢穱麦，挐黄梁些。

大苦咸酸，辛甘行些。

肥牛之腱，臑若芳些。

和酸若苦，陈吴羹些。

胹鳖炮羔，有柘浆些。

鹄酸臇凫，煎鸿鸧些。

露鸡臛蠵，厉而不爽些。

粔籹蜜饵，有餦餭些。

瑶浆蜜勺，实羽觞些。

挫糟冻饮，酎清凉些。

华酌既陈，有琼浆些。

归反故室，敬而无妨些。

肴羞未通，女乐罗些。

敶钟按鼓，造新歌些。
《涉江》《采菱》，发《扬荷》些。
美人既醉，朱颜酡些。
娭光眇视，目曾波些。
被文服纤，丽而不奇些。
长发曼鬋，艳陆离些。
二八齐容，起郑舞些。
衽若交竿，抚案下些。
竽瑟狂会，搷鸣鼓些。
宫庭震惊，发《激楚》些。
吴歈蔡讴，奏大吕些。
士女杂坐，乱而不分些。
放敶组缨，班其相纷些。
郑卫妖玩，来杂陈些。
《激楚》之结，独秀先些。
琨蔽象棊，有六簙些。
分曹并进，遒相迫些。
成枭而牟，呼五白些。
晋制犀比，费白日些。
铿钟摇簴，揳梓瑟些。
娱酒不废，沈日夜些。
兰膏明烛，华镫错些。
结撰至思，兰芳假些。
人有所极，同心赋些。
酎饮尽欢，乐先故些。
魂兮归来！反故居些。
乱曰：

献岁发春兮汩吾南征，菉蘋齐叶兮白芷生。
路贯庐江兮左长薄，倚沼畦瀛兮遥望博。
青骊结驷兮齐千乘，悬火延起兮玄颜烝。
步及骤处兮诱骋先，抑骛若通兮引车右还。
与王趋梦兮课后先，君王亲发兮惮青兕。
朱明承夜兮时不可以淹，皋兰被径兮斯路渐。
湛湛江水兮上有枫，目极千里兮伤春心。
魂兮归来兮哀江南！

（十九）哀　郢

皇天之不纯命兮，何百姓之震愆？
民离散而相失兮，方仲春而东迁。
去故乡而就远兮，遵江夏以流亡。
出国门而轸怀兮，甲之朝吾以行。
发郢都而去闾兮，怊荒忽其焉极？
楫齐扬以容与兮，哀见君而不再得。
望长楸而太息兮，涕淫淫其若霰。
过夏首而西浮兮，顾龙门而不见。
心婵媛而伤怀兮，眇不知其所蹠。
顺风波以从流兮，焉洋洋而为客。
凌阳侯之氾滥兮，忽翱翔之焉薄。
心絓结而不解兮，思蹇产而不释。
将运舟而下浮兮，上洞庭而下江。
去终古之所居兮，今逍遥而来东。
羌灵魂之欲归兮，何须臾而忘反。
背夏浦而西思兮，哀故都之日远。
登大坟以远望兮，聊以舒吾忧心。

哀州土之平乐兮，悲江介之遗风。

当陵阳之焉至兮，淼南渡之焉如？

曾不知夏之为丘兮，孰两东门之可芜？

心不怡之长久兮，忧与愁其相接。

惟郢路之辽远兮，江与夏之不可涉。

忽若不信兮，至今九年而不复。

惨郁郁而不通兮，蹇侘傺而含戚。

外承欢之汋约兮，谌荏弱而难持。

忠湛湛而愿进兮，妒被离而鄣之。

尧舜之抗行兮，瞭杳杳而薄天。

众谗人之嫉妒兮，被以不慈之伪名。

憎愠恪之修美兮，好夫人之忼慨。

众蹀躞而日进兮，美超远而逾迈。

乱曰：

曼余目以流观兮，冀一反之何时？

鸟飞反故乡兮，狐死必首丘。

信非吾罪而弃逐兮，何日夜而忘之？

（二十）悲回风

悲回风之摇蕙兮，心冤结而内伤。

物有微而陨性兮，声有隐而先倡。

夫何彭咸之造思兮，暨志介而不忘！

万变其情岂可盖兮，孰虚伪之可长！

鸟兽鸣以号群兮，草苴比而不芳。

鱼葺鳞以自别兮，蛟龙隐其文章。

故荼荠不同亩兮，兰茝幽而独芳。

惟佳人之永都兮，更统世而自贶。

眇远志之所及兮，怜浮云之相羊。

介眇志之所惑兮，窃赋诗之所明。

惟佳人之独怀兮，折若椒以自处。

曾歔欷之嗟嗟兮，独隐伏而思虑。

涕泣交而凄凄兮，思不眠以至曙。

终长夜之曼曼兮，掩此哀而不去。

寤从容以周流兮，聊逍遥以自恃。

伤太息之愍怜兮，气於邑而不可止。

糺思心以为纕兮，编愁苦以为膺。

折若木以蔽光兮，随飘风之所仍。

存仿佛而不见兮，心踊跃其若汤。

抚佩衽以案志兮，超惘惘而遂行。

岁曶曶其若颓兮，时亦冉冉而将至。

薠蘅槁而节离兮，芳以歇而不比。

怜思心之不可惩兮，证此言之不可聊。

宁溘死而流亡兮，不忍此心之常愁。

孤子吟而抆泪兮，放子出而不还。

孰能思而不隐兮，照彭咸之所闻。

登石峦以远望兮，路眇眇之默默。

入景响之无应兮，闻省想而不可得。

愁郁郁之无快兮，居戚戚而不可解。

心鞿羁而不开兮，气缭转而自缔。

穆眇眇之无垠兮，莽芒芒之无仪。

声有隐而相感兮，物有纯而不可为。

邈蔓蔓之不可量兮，缥绵绵之不可纤。

愁悄悄之常悲兮，翩冥冥之不可娱。

凌大波而流风兮，讬彭咸之所居。

144

上高岩之峭岸兮，处雌蜺之标颠。
据青冥而摅虹兮，遂儵忽而扪天。
吸湛露之浮凉兮，漱凝霜之雾雾。
依风穴以自息兮，忽倾寤以婵媛。
冯昆仑以瞰雾兮，隐岷山以清江。
惮涌湍之磕磕兮，听波声之汹汹。
纷容容之无经兮，罔芒芒之无纪。
轧洋洋之无从兮，驰委移之焉止。
漂翻翻其上下兮，翼遥遥其左右。
氾潏潏其前后兮，伴张驰之信期。
观炎气之相仍兮，窥烟液之所积。
悲霜雪之俱下兮，听潮水之相击。
借光景以往来兮，施黄棘之枉策。
求介子之所存兮，见伯夷之放迹。
心调度而弗去兮，刻著志之无适。
曰：吾怨往昔之所冀兮，悼来者之愁愁。
浮江淮而入海兮，从子胥而自适。
望大河之洲渚兮，悲申徒之抗迹。
骤谏君而不听兮，重任石之何益！
心絓结而不解兮，思蹇产而不释。

（二十一）惜往日

惜往日之曾信兮，受命诏以昭时。
奉先功以照下兮，明法度之嫌疑。
国富强而法立兮，属贞臣而日娭。
秘密事之载心兮，虽过失犹弗治。
心纯庞而不泄兮，遭谗人而嫉之。

君含怒而待臣兮，不清澈其然否。

蔽晦君之聪明兮，虚惑误又以欺。

弗参验以考实兮，远迁臣而弗思。

信谗谀之溷浊兮，盛气志而过之。

何贞臣之无罪兮，被离谤而见尤。

惭光景之诚信兮，身幽隐而备之。

临沅湘之玄渊兮，遂自忍而沈流。

卒没身而绝名兮，惜壅君之不昭。

君无度而弗察兮，使芳草为薮幽。

焉舒情而抽信兮，恬死亡而不聊。

独障壅而蔽隐兮，使贞臣为无由。

闻百里之为虏兮，伊尹烹于庖厨。

吕望屠于朝歌兮，宁戚歌而饭牛。

不逢汤武与桓缪兮，世孰云而知之。

吴信谗而弗味兮，子胥死而后忧。

介子忠而立枯兮，文君寤而追求。

封介山而为之禁兮，报大德之优游。

思久故之亲身兮，因缟素而哭之。

或忠信而死节兮，或訑谩而不疑。

弗省察而按实兮，听谗人之虚辞。

芳与泽其杂糅兮，孰申旦而别之。

何芳草之早殀兮，微霜降而下戒。

谅聪不明而蔽壅兮，使谗谀而日得。

自前世之嫉贤兮，谓蕙若其不可佩。

妒佳冶之芬芳兮，嫫母姣而自好。

虽有西施之美容兮，谗妒入以自代。

愿陈情以白行兮，得罪过之不意。

情冤见之日明兮，如列宿之错置。

乘骐骥而驰骋兮，无辔衔而自载。

乘氾泭以下流兮，无舟楫而自备。

背法度而心治兮，辟与此其无异。

宁溘死而流亡兮，恐祸殃之有再。

不毕辞而赴渊兮，惜壅君之不识。

（二十二）天 问

曰：遂古之初，谁传道之？

上下未形，何由考之？

冥昭瞢暗，谁能极之？

冯翼惟象，何以识之？

明明暗暗，惟时何为？

阴阳三合，何本何化？

圜则九重，孰营度之？

惟兹何功，孰初作之？

斡维焉系，天极焉加？

八柱何当，东南何亏？

九天之际，安放安属？

隅隈多有，谁知其数？

天何所沓？十二焉分？

日月安属？列星安陈？

出自汤谷，次于蒙汜。

自明及晦，所行几里？

夜光何德，死则又育？

厥利维何，而顾菟在腹？

女岐无合，夫焉取九子？

伯强何处？惠气安在？

何阖而晦？何开而明？

角宿未旦，曜灵安臧？

不任汩鸿，师何以尚之？

佥曰何忧，何不课而行之？

鸱龟曳衔，鲧何听焉？

顺欲成功，帝何刑焉？

永遏在羽山，夫何三年不施？

伯禹愎鲧，夫何以变化？

纂就前绪，遂成考功。

何续初继业，而厥谋不同？

洪泉极深，何以寘之？

地方九则，何以坟之？

应河何画？河海何历？

鲧何所营？禹何所成？

康回冯怒，墜何故以东南倾？

九州安错？川谷何洿？

东流不溢，孰知其故？

东西南北，其修孰多？

南北顺椭，其衍几何？

昆仑悬圃，其尻安在？

增城九重，其高几里？

四方之门，其谁从焉？

西北辟启，何气通焉？

日安不到？烛龙何照？

羲和之未扬，若华何光？

何所冬暖？何所夏寒？

焉有石林？何兽能言？

焉有虬龙，负熊以游？

雄虺九首，儵忽焉在？

何所不死？长人何守？

靡蓱九衢，枲华安居？

灵蛇吞象，厥大何如？

黑水玄趾，三危安在？

延年不死，寿何所止？

鲮鱼何所？鬿堆焉处？

羿焉彃日？乌焉解羽？

禹之力献功，降省下土四方。

焉得彼嵞山女，而通之於台桑？

闵妃匹合，厥身是继。

胡维嗜不同味，而快朝饱？

启代益作后，卒然离孽。

何启惟忧，而能拘是达？

皆归射鞠，而无害厥躬。

何后益作革，而禹播降？

启棘宾商，《九辨》《九歌》。

何勤子屠母，而死分竟地？

帝降夷羿，革孽夏民。

胡射夫河伯，而妻彼雒嫔？

冯珧利决，封豨是射。

何献蒸肉之膏，而后帝不若？

浞娶纯狐，眩妻爰谋。

何羿之射革，而交吞揆之？

阻穷西征，岩何越焉？

化而为黄熊，巫何活焉？

咸播秬黍，莆藋是营。

何由并投，而鲧疾修盈？

白蜺婴茀，胡为此堂？

安得夫良药，不能固臧？

天式从横，阳离爰死。

大鸟何鸣，夫焉丧厥体？

蓱号起雨，何以兴之？

撰体协鹿，何以膺之？

鳌戴山抃，何以安之？

释舟陵行，何之迁之？

惟浇在户，何求于嫂？

何少康逐犬，而颠陨厥首？

女歧缝裳，而馆同爰止。

何颠易厥首，而亲以逢殆？

汤谋易旅，何以厚之？

覆舟斟寻，何道取之？

桀伐蒙山，何所得焉？

妹嬉何肆，汤何殛焉？

舜闵在家，父何以鱞？

尧不姚告，二女何亲？

厥萌在初，何所亿焉？

璜台十成，谁所极焉？

登立为帝，孰道尚之？

女娲有体，孰制匠之？

舜服厥弟，终然为害。

何肆犬豕，而厥身不危败？

吴获迄古，南岳是止。

孰期去斯，得两男子？

缘鹄饰玉，后帝是飨。

何承谋夏桀，终以灭丧？

帝乃降观，下逢伊挚。

何条放致罚，而黎服大说？

简狄在台，喾何宜？

玄鸟致贻，女何嘉？

该秉季德，厥父是臧。

胡终弊于有扈，牧夫牛羊？

干协时舞，何以怀之？

平胁曼肤，何以肥之？

有扈牧竖，云何而逢？

击床先出，其命何从？

恒秉季德，焉得夫朴牛？

何往营班禄，不但还来？

昏微循迹，有狄不宁。

何繁鸟萃棘，负子肆情？

眩弟并淫，危害厥兄。

何变化以作诈，而后嗣逢长？

成汤东巡，有莘爰极。

何乞彼小臣，而吉妃是得？

水滨之木，得彼小子。

夫何恶之，媵有莘之妇？

汤出重泉，夫何罪尤？

不胜心伐帝，夫谁使挑之？

会朝争盟，何践吾期？

苍鸟群飞，孰使萃之？

列击纣躬，叔旦不嘉。

何亲揆发，周之命以咨嗟？

授殷天下，其位安施？

反成乃亡，其罪伊何？

争遣伐器，何以行之？

并驱击翼，何以将之？

昭后成游，南土爰底。

厥利惟何，逢彼白雉？

穆王巧梅，夫何为周流？

环理天下，夫何索求？

妖夫曳炫，何号于市？

周幽谁诛？焉得夫褒姒？

天命反侧，何罚何佑？

齐桓九会，卒然身杀。

彼王纣之躬，孰使乱惑？

何恶辅弼，谗谄是服？

比干何逆，而抑沈之？

雷开阿顺，而赐封之？

何圣人之一德，卒其异方？

梅伯受醢，箕子详狂？

稷维元子，帝何竺之？

投之冰上，鸟何燠之？

何冯弓挟矢，殊能将之？

既惊帝切激，何逢长之？

伯昌号衰，秉鞭作牧。

何令彻彼岐社，命有殷国？

迁藏就岐，何能依？

殷有惑妇，何所讥？

受赐兹醢，西伯上告。

何亲就上帝罚，殷之命以不救？

师望在肆，昌何识？

鼓刀扬声，后何喜？

武发杀殷，何所悒？

载尸集战，何所急？

伯林雉经，维其何故？

何感天抑地，夫谁畏惧？

皇天集命，惟何戒之？

受礼天下，又使至代之？

初汤臣挚，后兹承辅。

何卒官汤，尊食宗绪？

勋阖梦生，少离散亡。

何壮武历，能流厥严？

彭铿斟雉，帝何飨？

受寿永多，夫何久长？

中央共牧，后何怒？

蜂蛾微命，力何固？

惊女采薇，鹿何佑？

北至回水，萃何喜？

兄有噬犬，弟何欲？

易之以百两，卒无禄？

薄暮雷电，归何忧？

厥严不奉，帝何求？

伏匿穴处，爰何云？

荆勋作师，夫何长？

悟过改更，我又何言？

吴光争国，久余是胜。

何环穿自闾社丘陵，爰出子文？

吾告堵敖以不长。

何试上自予，忠名弥彰？

（二十三）怀　沙

滔滔孟夏兮，草木莽莽。

伤怀永哀兮，汩徂南土。

眴兮杳杳，孔静幽默。

郁结纡轸兮，离愍而长鞠。

抚情效志兮，冤屈而自抑。

刓方以为圜兮，常度未替。

易初本迪兮，君子所鄙。

章画志墨兮，前图未改。

内厚质正兮，大人所盛。

巧倕不斲兮，孰察其拨正。

玄文处幽兮，矇瞍谓之不章；

离娄微睇兮，瞽以为无明。

变白以为黑兮，倒上以为下。

凤皇在笯兮，鸡鹜翔舞。

同糅玉石兮，一概而相量。

夫惟党人之鄙固兮，羌不知余之所臧。

任重载盛兮，陷滞而不济。

怀瑾握瑜兮，穷不知所示。

邑犬群吠兮，吠所怪也。

非俊疑杰兮，固庸态也。

文质疏内兮，众不知余之异采。

材朴委积兮，莫知余之所有。

重仁袭义兮，谨厚以为丰。

重华不可遌兮，孰知余之从容！

古固有不并兮，岂知其何故？

汤禹久远兮，邈而不可慕也？

惩违改忿兮，抑心而自强。

离愍而不迁兮，愿志之有像。

进路北次兮，日昧昧其将暮。

舒忧娱哀兮，限之以大故。

乱曰：浩浩沅湘，分流汨兮。

修路幽蔽，道远忽兮。

怀质抱情，独无匹兮。

伯乐既没，骥焉程兮。

人生禀命，各有所错兮。

定心广志，余何所畏惧兮？

曾伤爰哀，永叹喟兮。

世溷浊莫吾知，人心不可谓兮！

知死不可让，愿勿爱兮。

明告君子，吾将以为类兮！

附录一：

史记·屈原列传

西汉　司马迁

　　屈原者，名平，楚之同姓也。为楚怀王左徒。博闻强志，明于治乱，娴于辞令。入则与王图议国事，以出号令；出则接遇宾客，应对诸侯。王甚任之。

　　上官大夫与之同列，争宠而心害其能。怀王使屈原造为宪令，屈平属草稿未定。上官大夫见而欲夺之，屈平不与，因谗之曰："王使屈平为令，众莫不知。每一令出，平伐其功，以为'非我莫能为也。'"王怒而疏屈平。

　　屈平疾王听之不聪也，谗谄之蔽明也，邪曲之害公也，方正之不容也，故忧愁幽思而作《离骚》。"离骚"者，犹离忧也。夫天者，人之始也；父母者，人之本也。人穷则反本，故劳苦倦极，未尝不呼天也；疾痛惨怛，未尝不呼父母也。屈平正道直行，竭忠尽智以事其君，谗人间之，可谓穷矣。信而见疑，忠而被谤，能无怨乎？屈平之作《离骚》，盖自怨生也。《国风》好色而不淫，《小雅》怨诽而不乱。若《离骚》者，可谓兼之矣。上称帝喾，下道齐桓，中述汤、武，以刺世事。明道德之广崇，治乱之条贯，靡不毕见。其文约，其辞微，其志洁，其行廉。其称文小而其指极大，举类迩而见义远。其志洁，故其称物芳；其行廉，故死而不容。自疏濯淖污泥之中，蝉蜕于浊秽，以浮游尘埃之外，不获世之滋垢，皭然泥而不滓者也。推此志也，虽与日月争光可也。

屈原既绌。其后秦欲伐齐，齐与楚从亲，惠王患之。乃令张仪佯去秦，厚币委质事楚，曰："秦甚憎齐，齐与楚从亲，楚诚能绝齐，秦愿献商、于之地六百里。"楚怀王贪而信张仪，遂绝齐，使使如秦受地。张仪诈之曰："仪与王约六里，不闻六百里。"楚使怒去，归告怀王。怀王怒，大兴师伐秦。秦发兵击之，大破楚师于丹、淅，斩首八万，虏楚将屈匄，遂取楚之汉中地。怀王乃悉发国中兵，以深入击秦，战于蓝田。魏闻之，袭楚至邓。楚兵惧，自秦归。而齐竟怒，不救楚，楚大困。

明年，秦割汉中地与楚以和。楚王曰："不愿得地，愿得张仪而甘心焉。"张仪闻，乃曰："以一仪而当汉中地，臣请往如楚。"如楚，又因厚币用事者臣靳尚，而设诡辩于怀王之宠姬郑袖。怀王竟听郑袖，复释去张仪。是时屈原既疏，不复在位，使于齐，顾反，谏怀王曰："何不杀张仪？"怀王悔，追张仪，不及。

其后，诸侯共击楚，大破之，杀其将唐眜。

时秦昭王与楚婚，欲与怀王会。怀王欲行，屈平曰："秦，虎狼之国，不可信，不如毋行。"怀王稚子子兰劝王行："奈何绝秦欢！"怀王卒行。入武关，秦伏兵绝其后，因留怀王，以求割地。怀王怒，不听。亡走赵，赵不内。复之秦，竟死于秦而归葬。

长子顷襄王立，以其弟子兰为令尹。楚人既咎子兰以劝怀王入秦而不反也。

屈平既嫉之，虽放流，眷顾楚国，系心怀王，不忘欲反。冀幸君之一悟，俗之一改也。其存君兴国而欲反复之，一篇之中三

致志焉。然终无可奈何，故不可以反。卒以此见怀王之终不悟也。

人君无愚智贤不肖，莫不欲求忠以自为，举贤以自佐。然亡国破家相随属，而圣君治国累世而不见者，其所谓忠者不忠，而所谓贤者不贤也。怀王以不知忠臣之分，故内惑于郑袖，外欺于张仪，疏屈平而信上官大夫、令尹子兰，兵挫地削，亡其六郡，身客死于秦，为天下笑，此不知人之祸也。《易》曰："井渫不食，为我心恻，可以汲。王明，并受其福。"王之不明，岂足福哉！

令尹子兰闻之，大怒。卒使上官大夫短屈原于顷襄王。顷襄王怒而迁之。

屈原至于江滨，被发行吟泽畔，颜色憔悴，形容枯槁。渔父见而问之曰："子非三闾大夫欤？何故而至此？"屈原曰："举世皆浊而我独清，众人皆醉而我独醒，是以见放。"渔父曰："夫圣人者，不凝滞于物，而能与世推移。举世皆浊，何不随其流而扬其波？众人皆醉，何不哺其糟而啜其醨？何故怀瑾握瑜，而自令见放为？"屈原曰："吾闻之，新沐者必弹冠，新浴者必振衣。人又谁能以身之察察，受物之汶汶者乎？宁赴常流而葬乎江鱼腹中耳。又安能以皓皓之白，而蒙世之温蠖乎？"乃作《怀沙》之赋。其辞曰：

陶陶孟夏兮，草木莽莽。伤怀永哀兮，汩徂南土。眴兮窈窈，孔静幽墨。冤结纡轸兮，离愍之长鞠；抚情效志兮，冤诎以自抑。

刓方以为圜兮，常度未替；易初本由兮，君子所鄙。章画职墨兮，前度未改；内直质重兮，大人所盛。巧匠不斲兮，孰察其揆正？玄文幽处兮，矇谓之不章；离娄微睇兮，瞽以为无明。变白而为黑兮，倒上以为下。凤皇在笯兮，鸡雉翔舞。同糅玉石兮，一概而相量。夫党人之鄙妒兮，羌不知吾所臧。

任重载盛兮，陷滞而不济；怀瑾握瑜兮，穷不得余所示。邑犬群吠兮，吠所怪也；诽骏疑桀兮，固庸态也。文质疏内兮，众不知吾之异采；材朴委积兮，莫知余之所有。重仁袭义兮，谨厚以为丰；重华不可牾兮，孰知余之从容！古固有不并兮，岂知其故也？汤禹久远兮，邈不可慕也。惩违改忿兮，抑心而自强；离闵而不迁兮，愿志之有象。进路北次兮，日昧昧其将暮；含忧虞哀兮，限之以大故。

乱曰：浩浩沅、湘兮，分流汩兮。修路幽拂兮，道远忽兮。曾唫恒悲兮，永叹慨兮。世既莫吾知兮，人心不可谓兮。怀情抱质兮，独无匹兮。伯乐既殁兮，骥将焉程兮？人生禀命兮，各有所错兮。定心广志，余何畏惧兮？曾伤爰哀，永叹喟兮。世溷不吾知，心不可谓兮。知死不可让兮，愿勿爱兮。明以告君子兮，吾将以为类兮。

于是怀石遂自投（沈）汨罗以死。

屈原既死之后，楚有宋玉、唐勒、景差之徒者，皆好辞而以赋见称。然皆祖屈原之从容辞令，终莫敢直谏。其后楚日以削，数十年竟为秦所灭。

自屈原沈汨罗后百有余年，汉有贾生，为长沙王太傅。过湘水，投书以吊屈原。

太史公曰：余读《离骚》、《天问》、《招魂》、《哀郢》，悲其志。适长沙，过屈原所自沉渊，未尝不垂涕，想见其为人。及见贾生吊之，又怪屈原以彼其材，游诸侯，何国不容，而自令若是。读《鵩鸟赋》，同死生，轻去就，又爽然自失矣。

附录二：

楚辞章句序

东汉 王 逸

昔者孔子叡圣明哲，天生不群，定经术，删《诗》《书》，正《礼》《乐》，制作《春秋》，以为后王法。门人三千，罔不昭达。临终之日，则大义乖而微言绝。

其后周室衰微，战国并争，道德陵迟，谲诈萌生，于是杨、墨、邹、孟、孙、韩之徒，各以所知著造传记，或以述古，或以明世。而屈原履忠被谮，忧悲愁思，独依诗人之义而作《离骚》，上以讽谏，下以自慰。遭时阇乱，不见省纳，不胜愤懑，遂复作《九歌》以下凡二十五篇。楚人高其行义，玮其文采，以相教传。

至于孝武帝，恢廓道训，使淮南王安作《离骚经章句》。则大义粲然。后世雄俊，莫不瞻慕，舒肆妙虑，缵述其词。逮至刘向典校经书，分为十六卷。孝章即位，深弘道艺，而班固、贾逵复以所见改易前疑，各作《离骚经章句》。其余十五卷，阙而不说。又以壮为状，义多乖异，事不要括。今臣复以所识所知，稽之旧章，合之经传，作十六卷章句。虽未能究其微妙，然大指之趣略可见矣。

且人臣之义，以中正为高，以伏节为贤。故有危言以存国，杀身已成仁。是以伍子胥不恨于浮江，比干不悔于剖心，然后忠立而行成，荣显而名著。若夫怀道而迷国，详愚而不言，颠则不能扶，危则不能安，婉娩以顺上，逡巡以避患，虽保黄耇，终寿百年，盖志士之所耻，愚夫之所贱也。

今若屈原，膺忠贞之质，体清洁之性，直若砥矢，言若丹青，进不隐其谋，退不顾其命，此诚绝世之行，俊彦之英也。而班固谓之露才扬己，竞于群小之中，怨恨怀王，讥刺椒、兰，苟欲求进，强非其人，不见容纳，忿怼自沉，是亏其高明，而损其清洁者也。昔伯夷、叔齐让国守分，不食周粟，遂饿而死，岂可复谓有求于世而怨望哉？且诗人怨主刺上曰："呜呼！小子，未知臧否，匪面命之，言提其耳。"讽谏之语，于斯为切。然仲尼论之，以为大雅。引此比彼，屈原之词，优游婉顺，宁以其君不智之故，欲提携其耳乎！而论者以为"露才扬己"、"怨刺其上"、"强非其人"，殆失厥中矣。

夫《离骚》之文，依托《五经》以立义焉。"帝高阳之苗裔"，则"厥初生民，时惟姜嫄"也。"纫秋兰以为佩"，则"将翱将翔，佩玉琼琚"也；"昔揽洲之宿莽"，则《易》"潜龙勿用"也；"驷玉虬而乘鹥"，则"时乘六龙以御天"也；"就重华而陈词"，则《尚书》《咎繇》之谋谟也；"登昆仑而涉流沙"，则《禹贡》之敷土也。故智弥盛者其言博，才益多者其识远。屈原之词，诚博远矣。自终没以来，名儒博达之士，著造词赋，莫不拟则其仪表，祖式其模范，取其要妙，窃其华藻，所谓金相玉质，百世无匹，名垂罔极，永不刊灭者矣。

附录三：

古代歌舞的功利性分析

吴茂明

  摘　要：古代歌舞适应和反映社会生产方式发展规律，因此，功利性成为其首要的和主要的特征，这一特征在中国戏剧形成和发展的历程中打上了深深的烙印。因此，深入研究古代歌舞的功利性特征，对于准确把握中国戏剧的构成因素和特质是有益的。有鉴于此，笔者试从功利性这一视角对古代歌舞进行一些分析，以请大方指教。

  关键词：古代歌舞；功利性；分析

  古代歌舞之于中国戏剧起着源起的作用。经济基础决定上层建筑。作为意识形态的古代歌舞是由古代经济基础决定的，是对当时经济特质和形态的反映。在生产力水平低下的古代，以物质资料满足为主的功利性目的是这个时期不可避免的主要诉求。李占鹏认为："它（原始歌舞）的主旨和表现方式仍紧紧地与原始初民的生存不可分割。功利性是原始歌舞的首要特征。"[1] 古代歌舞功利性特征在中国戏剧形成和发展的历程中打上了深深的烙印。因此，深入研究古代歌舞的功利性特征，对于准确把握中国戏剧的构成因素和特质是有益的。有鉴于此，笔者试从功利性这一视角对古代歌舞进行一些分析，以请大方指教。

巴人说："我们认为原始人的游戏本身就是艺术的表现。（例如，舞蹈）……艺术和游戏在其原始发展阶段，即在原始人群之间，其本身就是一定生产活动的产物，是一定生产活动的继续，而又加强其生产活动的。""游戏是有功利目的的活动——劳动的孩子。"[2] 李占鹏也认为："远古歌舞产生于原始初民在集体生活中的劳动实践和社会实践的需要。""一切艺术的最初起源都是与人类自身的生存紧密结合的，人类的生存需要带来了属于精神享受范畴的艺术。舞的产生就是这样。"[1] 从以上论述可以看出，生产劳动是古代歌舞产生发展的源泉，古代歌舞为与之相适应的特定的生产方式所规约，有什么样的生产方式，就会有什么样的歌舞；反之，歌舞反映、影响并为特定的现实生产方式服务，因此，生产劳动是古代歌舞之母，这是古代歌舞功利色彩浓厚的主要原因，也是古代歌舞功利性不断变化的主要原因。在中国，从较早的歌舞葛天氏之乐开始，古代歌舞就在适应生产方式不断变化的趋势中，展现着自身不断变化的功利性特征。

一、组织并体现劳动生产过程是古代歌舞功利性的最初表现。

由于生产力水平低下，深受自然界的侵害，从自然界获取生活资料极为困难，因此，原始社会的人们所从事的是体现原始共产主义集体精神的生产活动。在此基础上，原始初民只有分工的区别，没有等级的区别，一切的活动都是全员性的，尤其是关于劳动生产类的以及围绕劳动生产创造的战争类的、宗教类的等歌舞更是如此。

对此，巴人在分析原始艺术的作用时认为："它是位置于前一生产活动与后一生产活动之间的一种调节器……这在原始人群

163

的歌舞上，就可以看出。……其基本意义可以说是对自己劳动力量的赞颂；是重新鼓舞自己劳动，组织自己劳动的一种手段。"[2]相传为黄帝时所作的《弹歌》是很典型的劳动生产的歌谣："断竹，续竹；飞土，逐肉。"[2]从内容和形式上来看，它以节奏鲜明、强烈的歌舞，再现了紧张有序的狩猎场面，体现了原始先民为生存而获取生活资料的需求。

"昔葛天氏之乐，三人操牛尾，投足以歌八阕：一曰'载民'，二曰'玄鸟'，三曰'遂草木'，四曰'奋五谷'，五曰'敬天常'，六曰'建帝功'，七曰'依地德'，八曰'总禽兽之极'。"[3]笔者认为，"三人操牛尾，投足以歌"之"八阕"，是以第四阕"奋五谷"、第八阕"总禽兽之极"为核心，其余六阕围绕此核心展开。从其阕名"奋五谷"、"总禽兽之极"可知两部分与农业直接有关，属于原始农业阶段，而且作物种植和畜牧驯养有了一定的发展，成为人们获取生活资料的重要来源，反映了先民辛苦耕作、经营五谷（"奋五谷"）、繁殖鸟兽（"总禽兽之极"）的劳动状况，围绕这一主题，表达了先民尊重并顺应自然规律（"载民""敬五常""依地德"）的愿望和行为，并祈求神灵、图腾庇佑（"玄鸟""达帝功"）。

由此分析，葛天氏之乐等古代歌舞体现了古代先民较为自觉而清醒的合目的性的舞蹈创作意象。它展示了先祖求生存、求发展而与自然抗争的生产劳动面貌，是先民生产劳动过程中产生的硕果。

二、祭祀娱神并祈佑庇是古代歌舞功利性的重要体现。

"人莫不以其生生，而不知其所以生。人莫不以其知知，而不知其所以知。"[3]上古时代，由于生产力的落后，人们对自然规律还不能够科学认识和正确把握，对许多自然现象和社会现象懵懂无知、恐惧难解，导致人们对神鬼的迷信和对巫觋的膜拜。于是出现了由巫觋穿戴着神的面具和衣物，模仿着神的音貌和动作，以驱逐四方鬼疫和娱神鬼的祭祀活动，如周代以前的傩舞。

到了战国时代，这种祭祀活动不断发展，形式以多样化的歌舞为主。最著名的就是屈原据民间祭神乐歌加工而成的《楚辞·九歌》。《楚辞·九歌》所祭的神灵可分为三种类型，从古代人类宗教思想的渊源来考察，都跟生产斗争与生存竞争有着密切关系。一是天神——东皇太一（天神之贵者）、云中君（云神）、大司命（主寿命的神）、少司命（主子嗣的神）、东君（太阳神）；二是地神——湘君与湘夫人（湘水之神）、河伯（河神）、山鬼（山神）；三是人鬼——国殇（阵亡将士之魂）。所以《九歌》所塑造的艺术形象，表面上是超人间的神，实质上是现实中人的神化，在人物感情的刻画和环境气氛的描述上，既活泼优美，又庄重典雅，充满着浓厚的生活气息。[4][5]

另外，《吕氏春秋·仲夏纪》亦有祭祀天神的记载："是月也，命乐师，修鞀鞞鼓，均琴瑟管箫，执干戚戈羽，调竽笙埙篪，饬钟磬祝敔。命有司，为民祈祀山川百原，大雩帝，用盛乐。乃命百县，雩祭扫百辟卿士有益于民者，以祈谷实。""帝颛顼好其音，乃令飞龙作效八风之音，命之曰《承云》，以祭上帝。"[4]

由以上材料可知，古代歌舞在辅助祭祀活动中，具有了某种沟通天、人关系的神秘媒介功能，呈现了当时人们通过歌舞娱神而祈求实现某种愿望的功利性目的，在诸多祭典仪式中，古代歌舞显示了其独特的地位和作用。

三、赋予经国功能是对古代歌舞功利性地位的提升。

随着古代歌舞的进一步发展，其特殊的功能性受到统治阶级的高度重视，尤其是古代歌舞在祭祀活动中的特殊作用，它能够

假通神娱神之名以惑众，是一种愚弄民众、稳定统治有效的政治手段。因此，统治阶级开始拔高歌舞的地位，把它提升到可资经国的重要位置，从此，歌舞具备了辅助政治统治的新的功利性色彩。

（一）古代的统治者已经认识到，正确运用歌舞可使国家得以大治。

一方面，歌舞是鉴别政治风貌的标准。"乐无太，平和者是也。故治世之音安以乐，其政平也；乱世之音怨以怒，其政乖也；亡国之音悲以哀，其政险也。凡音乐通乎政，而移风平俗者也，俗定而音乐化之矣。故有道之世，观其音而知其俗矣，观其政而知其主矣。"[3] 意思是说，歌舞能反映一国之政治状态，运用得当，歌舞可以成盛世之乐，亦可成乱世亡国之乐，歌舞与政治相通并能"移风平俗"。因此，运用歌舞不能过分，过分就会有亡国危机。故《吕氏春秋·仲夏纪》说："夏桀、殷纣作为侈乐，大鼓钟磬管箫之音，以巨为美，以众为观，俶诡殊瑰，耳所未尝闻，目所未尝见，务以相过，不用度量。宋之衰也，作为千钟。齐之衰也，作为大吕。楚之衰也，作为巫音。侈则侈矣，自有道者观之，则失乐之情。失乐之情，其乐不乐。乐不乐者，其民必怨，其生必伤。其生之与乐也，若冰之于炎日，反以自兵。此生乎不知乐之情，而以侈为务故也。"[3] 很明显，在这里，统治者已将歌舞作为国家治理的圣器来对待，要求不妄用、不奢用，谨慎对待。

另一方面，歌舞可保障国家政治清明。"大乐，君臣父子长少之所欢欣而说也。欢欣生于平，平生于道。道也者，视之不见，听之不闻，不可为状。有知不见之见，不闻之闻，无状之状者，则几于知之矣。道也者，至精也，不可为形，不可为名，强为之，谓之太一。故一也者制令，两也者从听。先圣择两法一，是以知万物之情，故能以一听政者，乐君臣，和远近，说黔首，合宗亲。能以一治其身者，免于灾，终其寿，全其天。能以一治其国者，奸邪去，贤者至，成大化。"[3] 歌舞的政治功用在这里有了详尽的说明：一能保障国家和平，二能使家庭和睦、百姓安乐，三能免灾长寿、统治善终，四能锄奸迎贤，五能合乎自然规律，能发挥歌舞诸项功能，国家就会"成大化"、得大治。

（二）古代统治者在强化歌舞政治功能的同时，还强化了歌舞的教化功能。

古代统治者把歌舞纳入到上层社会的礼仪教育体系，在礼仪制度中，乐舞有着特殊的区别等级、尊卑的功能。比如周代的宫廷乐舞，用以协调伦常宗法关系，有着严格的等级限界，不同等级享有对等的歌舞，专享而不能僭越。如八佾之舞，就仅供周天子专享；六佾之舞则为诸侯欣赏；四佾之舞只供卿大夫看；二佾之舞乃士子可观。为了明晰这种等级，加强歌舞教育成为重要手段。《史记·五帝纪》记载：舜"以夔为典乐教稺子……诗音意歌长言，声依永律和声，八音能谐毋相夺伦神人以和。夔曰：於予击石拊石百兽率舞。"[6]《荀子·乐论》说："执其干戚，习其俯仰屈伸，而容貌得庄焉；行其缀兆，要其节奏，而行列得正焉，进退得齐焉。"[7]《周礼·地官》对此也作了较详细地说明："舞师掌教兵舞，帅而舞山川之祭祀；教帗舞，帅而舞社稷之祭祀；教羽舞，帅而舞四方之祭祀；教皇舞，帅而舞旱暵之事。"[10]以上文字至少透出了三个信息：一是我国在远古时代已经将歌舞纳入到官方学校的正式教育体系，歌舞成为贵族子弟学校学习的重要课程。二是有了专门的歌舞教师即"舞师"，他们的一个重要职责就是向贵族子弟传授舞蹈技能，传授合乎统治阶级礼仪规范所要求的乐舞。三是歌舞教育有了较为系统的内容和标准，通

过学习兵舞、帔舞、羽舞、皇舞等歌舞，训练贵族子弟容貌端庄、行止有礼有度。这说明，在很早的时期，中国歌舞已经凸显了它的教化功能。

（三）宣示功德、树立威信是统治阶级赋予歌舞的另一项功能，即所谓"功成作乐""舞者象功"。

古代统治者利用人们对歌舞特别是祭祀歌舞的迷信、参与以及对歌舞的普遍认知，注重利用歌舞向天下宣示丰功伟绩、善行美德，以此树立威信、夷伏天下。例如大禹就是将歌舞的示威功能发挥到极致的佼佼者。他在征战中有时竟不施以兵戈，"乃诞敷文德舞干羽于两阶，七旬有苗格"[8]，说的是禹在征服有苗的过程中，除了以文德教化其民，重要的一个手段就是利用舞干羽之文、武之舞蹈形式，以颇具规模的、颇具威势的歌舞，宣扬强大的威慑力，迫使有苗恐惧、信服而臣服。利用乐舞而屈人之兵，这在古今战史中可算绝无仅有了。

通过《吕氏春秋》等史料来看，制歌舞以宣扬自己已成为古代统治者的惯例。"舜立，仰延乃拌瞽叟之所为瑟，益之八弦，以为二十三弦之瑟。帝舜乃令质修《九招》《六列》《六英》，以明帝德。""禹立，勤劳天下，日夜不懈，通大川，决壅塞，凿龙门，降通漻水以导河，疏三江五湖，注之东海，以利黔首。于是命皋陶作为《夏龠》九成，以昭其功。""殷汤即位，夏为无道，暴虐万民，侵削诸侯，不用轨度，天下思之。汤于是率六州以讨桀罪，功名大成，黔首安宁。汤乃命伊尹作为《大护》，歌《晨露》，修《九招》《六列》《六英》，以见其善。""周文王处歧，诸侯去殷三淫而翼文工。散宜生曰：'殷可伐也。'文王弗许。周公旦乃作诗曰：'文王在上，於昭于天，周虽旧邦，其命维新'，以绳文王之德。"由此可见，古代帝王非常重视歌舞对自我的宣传功能，凡是欲明帝德、昭其功、见其善，必制歌舞，且歌舞主题鲜明、规模宏大，极尽夸大之能事，目的只有一个，即宣扬自我使四方畏服。[3]

通过以上对古代歌舞的分析，我们可以看出，由于古代歌舞起源于劳动，因此，功利性是其主要表征。但是，古代歌舞与生产活动的关系却不是单一的，而是呈现多样性的特质。有的直接与生产活动有关，有的与生产方式相适应，有的反映了当时的社会制度，有的是生产活动经验的总结，等等。无论是体现劳动生产、祭祀娱神、可资经国，还是精神娱乐、保身健体，生产活动的功利性目的非常明确，是功利性目的和艺术审美感情的结合。由于这种结合，同时，歌舞毕竟受特定的生产方式所规约，因此，歌舞的功利性呈现出阶段性和不断变化的特征；随着生产力水平的不断提高，歌舞的客观的功利性表征逐步弱化，主观的娱乐性表征逐步强化，正是在这一规律的惯性下，戏剧逐步成形、成熟并不断发展起来；但是，以歌舞为源起和重要表现形式的戏剧，并没有因其功能的转变而抹去古代歌舞的功利性特质，相反，在经济基础决定上层建筑的铁律下，古代歌舞的功利性特质在戏剧发展长河中，已经成为有影响力的风向标，它对戏剧发展的作用和影响是持久的。这也是本文着力探讨古代歌舞的功利性的一个目的。

参考文献：

［1］李占鹏．宋前戏剧形成史［M］．甘肃：甘肃文化出版社，2000.

［2］巴人．文学论稿［M］．上海：新文艺出版社，1954.

［3］吕不韦．吕氏春秋［M］．北京：线装书局，2007.

［4］游国恩，王起，萧涤非，季镇淮，费振刚．中国文学史［M］．北京：人民文学出版社，2002.

［5］袁柯．中国神话传说词典［M］．上海：上海辞书出版社，1985．

［6］司马迁．史记［M］．上海：上海辞书出版社，1985．

［7］骆瑞鹤．荀子补正［M］．武汉：武汉大学出版社，1997．

［8］孔子．尚书［M］．呼和浩特：内蒙古人民出版社，2008．

［9］杨伯峻．论语译注［M］．北京：中华书局，2006．

［10］郝铁川．经国治民之典——《周礼》与中国文化［M］．郑州：河南大学出版社，1995．

结　语

我们研究屈原辞，除了研究他的文字训诂及其他文学特性，其中凝结的屈原精神也是非常重要的研究领域。屈原精神在历代均受到重视并予以研究，如汉代的忠君研究，魏晋南北朝的自由精神之偏重，宋代的爱国研究，清代的民族精神研究，20世纪围绕屈原有无、是否爱国的争论展开研究，等等。牛顿说："如果我能看得更远一些，那是因为我站在巨人的肩膀上。"同样对于屈原精神研究而言，他也是在历朝历代的研究成果的基础上发展起来的，这些显著的研究成果成为我们今天研究屈原精神的重要依据，提供了可靠的资料。

总而言之，本书是一本梳理探讨性的文著，希望能够达到抛砖引玉的研究目的。不论是对历史研究成果的梳理，还是在此基础上进行新的拓展，这些都需要更多的研究者参与，共同为我们民族精神的灵魂——屈原精神研究而努力。

参考文献

著 作

王　充，《论衡》，中华书局，1954 年版

王夫之，《楚辞通释》，中华书局，1959 年版

范　晔，《后汉书》，北京：中华书局，1965 年版

洪兴祖，《楚辞补注》，中华书局，1983 年版

刘义庆，《世说新语》，中华书局，1984 年版

钱澄之，《庄屈合诂》，黄山书社，1998 年版

朱　熹，《楚辞集注》，书韵楼业刊，上海古籍出版社，2003
　　　　年版

司马迁，《史记》，中华书局，2005 年版

刘向集录，范祥雍笺证，《战国策笺证》，上海古籍出版社，
　　　　2006 年版

班　固，《汉书》，中华书局，2007 年版

闻一多，《闻一多全集》第一册，开明书店，1949 年版

郭庆藩，《庄子集释》，中华书局，1961 年版

郭沫若，《历史人物·屈原研究》，人民文学出版社，1979
　　　　年版

郭绍虞，《中国历代文论选》，上海古籍出版社，1979 年版

姜书阁，《屈原研究论集》，长江文艺出版社，1983 年版

汤炳正，《屈赋新探》，齐鲁书社，1984 年版

杨廷福，《王夫之》，中华书局，1985 年版

周振甫，《文心雕龙今译》，中华书局，1986 年版

戴志钧，《读骚十论》，黑龙江人民出版社，1986 年版

汤炳正，《楚辞类稿》，巴蜀书社，1988 年版

罗宗强，《玄学与魏晋士人心态》，浙江人民出版社，1991
年版

金开诚，《屈原辞研究》，江苏古籍出版社，1992 年版

赵沛霖，《屈赋研究论衡》，天津教育出版社，1993 年版

赵逵夫，《屈原与他的时代》，人民文学出版社，1996 年版

钱　穆，《国史大纲》，商务印书馆，1996 年版

张怀承，《王夫之评传——民族自立自强之魂》，广西教育出
版社，1997 年版

郭维森，包景诚，《风韵高标的楚辞》，辽海出版社，1998
年版

来层林，《屈原研究论集》，湖北美术出版社，1999 年版

李士金，《朱熹文学思想述论》，中国文联出版社，2000 年版

徐中玉，郭豫适，《古代文学理论研究》，华东师范大学出版
社，2000 年版

顾颉刚，《中国上古史研究》，中华书局，2002 年版

熊良智，《楚辞文化研究》，巴蜀书社，2002 年版

黄曼君，《中国 20 世纪文学理论批评史》，中国文联出版社，
2002 年版

萧萐父，许苏民，《王夫之评传》，南京大学出版社，2002
年版

褚斌杰，《楚辞要论》，北京大学出版社，2003 年版

袁行霈，《中国文学史》，高等教育出版社，2003 年版

周建忠，《楚辞考论》，商务印书馆，2003 年版

马小虎，《魏晋以前个体'自我的演变'》，中国人民大学出版社，2004 年版

熊良智，《辞赋研究》，商务印书馆，2006 年版

刘士林，《中国诗学原理》，海南出版社，2006 年版

刘永济，《屈赋音注释解屈赋释词》，中华书局，2007 年版

聂石樵，《先秦两汉文学史》，中华书局，2007 年版

游国恩，《游国恩楚辞论著集》一至四卷，中华书局，2008 年版

毛　庆，《屈原与中华文化和民族精神》，四川大学出版社，2008 年版

李　山，《先秦文化史讲义》，中华书局，2008 年版

期刊论文

郭　杰，《先秦国家观念与屈原的宗国意识》，《东北师大学报》1989 年第 4 期

廖化津，《屈原美政思想系论》，《四川大学学报》1994 年第 1 期

蒋　方，《名士与〈离骚〉——论两晋士人的屈原解读及其意义》，《北方论丛》1995 年第 1 期

张来芳，《洪兴祖对楚辞研究的贡献》，《南昌大学学报》1995 年第 4 期

熊良智，《〈离骚〉称"经"的文化考察》，《四川师范大学学报》2000 年第 6 期

蒋　方，张忠智，《两汉士人阅读屈原的价值取向探释》，《湖北大学学报》2001 年第 2 期

曲德来，《屈原人格理想的评价》，《淮阴师范学院学报》
　　2001 年第 1 期

周建忠，《屈原"爱国主义"研究的历史审视》，《中国文学
　　研究》2002 年第 4 期

严国荣，《屈原情结的汉代嬗变》，《唐都学刊》2003 年第
　　4 期

王德华，《论屈骚精神对当代的启示》，《淮阴师范学院报》，
　　2003 年第 1 期

陈丽杰，《屈原爱国思想浅析》，《辽宁财专学报》2004 年第
　　3 期

蒋　骏，《宋代屈学研究》，扬州大学硕士学位论文，2004 年

董运庭，《再论屈原之死及其爱国主义精神》，《重庆师范大
　　学学报》2005 年第 6 期

武振伟，《从楚与中原各国关系看屈原的爱国问题》，《管子
　　学刊》2005 年第 3 期

黄　霞，《屈原的爱国思想及后世影响》，《内蒙古工业大学
　　学报》2006 年第 1 期

徐道彬，《〈屈原赋注〉唯物主义思想》，《云梦学刊》2006
　　年第 6 期

赵敏俐，《独具个性，执着追求——杨公骥先生的中国古代
　　文学研究》，《文学遗产》2006 年第 6 期

冯小禄，《〈离骚〉主题探原》，《云梦学刊》2006 年第 1 期

李中华，邹福清，《屈原形象的历史诠释及其演变》，《武汉
　　大学学报》2008 年第 1 期

郭建勋，毛锦裙，《论魏晋南北朝对楚辞的接受》，《求索》
　　2006 年第 10 期

孙雪霞，《屈原与先秦诸子》，汕头大学硕士学位论文，2002 年

彭红卫，《屈原悲剧人格研究》，华中师范大学硕士学位论文，2004 年

宋　涛，《楚辞意象与楚辞诗学》，重庆师范大学硕士学位论文，2004 年

魏永贵，《哀怨起骚人》，内蒙古大学硕士学位论文，2005 年

王长红，《〈天问〉研究通论》，山东大学硕士学位论文，2006 年

林　姗，《王船山〈楚辞通释〉研究》，福建师范大学硕士学位论文，2007 年

后 记

让我最为高兴的事，不是这本书的最终撰成，而是业师韩高年先生给拙作写的序。韩老师的序高屋建瓴，一下子抓住了屈原精神研究的实质，既对我的拙作给予了中肯评价，又给我也给学界屈原精神研究指出了方向和方法，作为学生，我倍加感动。

本书的蓝本是我在西北师范大学读研究生时的论文稿。我于2006年至2009年在西北师大读研，我的导师是韩高年先生。韩老师是中国屈原学会理事、中国诗经学会会长、全国赋学会常务理事、中国骈文学会副会长、甘肃省古代文学学会会长，当时任西北师范大学文学院院长，现任西北师大党委常委、副校长。在校深造期间，因为有韩老师的鼓励和指导，我才有勇气选下此题，并坚持到底，顺利通过论文答辩并毕业。当时，韩老师对我说，屈原精神研究是个重要课题，应该紧扣时代特征和内涵，继续深入研究，不能放弃。随后的十余年间，我秉承韩老师严谨的治学风范和学术精神，在繁忙的工作之余，不忘老师的期望，对屈原精神研究孜孜不倦，上下求索，多有心得。为此，我对读研时的论文稿进行了充实、修订，增添了一些新的内容，特别是在屈原精神内涵拓展上更加丰满了些。写

成此书，一是对韩老师指导和关怀有所汇报，二是对自己多年的研究做一个挽结，三是也想着对屈原精神研究做一些微薄贡献。在此衷心感谢韩老师的谆谆教导，衷心感谢亲朋好友给予我的热情支持、鼓舞。

　　由于本人学识浅陋，资料搜集限于条件较为困难，本书探究的对象涉及了历史与现当代方方面面的知识，因此书中的错误和缺点肯定不少，期待着大家的批评指正，以便日后改进和完善。

吴茂明

2020 年 10 月 25 日